魔鬼甄
瘋玩全台灣

自序

在那個課業壓力無限大的年代，最自由的空氣就是坐在爸爸的偉士牌後座，跟著爸爸在住家附近四處遊走，尋找巷仔內小吃，散步家鄉各個角落。

進入職場甚至走進家庭後，從一個小孩到兩個小孩，肩膀的擔子越漸沉重，賺奶粉錢的經濟壓力，還有耗神的親子教養問題，都需要找到情緒出口。對我而言，最好的紓壓方式就是台灣四處趴趴走，呼吸自由的空氣，跟著美食與景點的腳步去旅行，行程的安排完全自由，可以是暴走型的高鐵一日生活圈，也可能是慢活型的單點發呆行程。

以前是爸爸帶著我遊走大台北巷弄，現在換我領著孩子探索台灣之美。對我而言迄今所擁有的最大財富，就是這珍貴的育兒記錄與無數親子旅遊回憶！

最愛一邊尋訪秘境、一邊逛早市、品嘗在地美味小吃，所以出門一定備妥交通路線與周邊小吃名單，一一征服他們是種生活足跡，亦是幸福的累積。

近年來台灣各縣市政府大力推動觀光，高鐵和快速道路交通路網便利，也讓大家更容易親近台灣之美，發現更多台灣鄉鎮的角落風景。尤其我們家又屬行動愛玩派，平時我跟大叔各有姐妹團及大叔團的伙伴相陪，姐妹團主要走吃吃喝喝、散步採買的爽呆呆路線，大叔團則攻攝影衝景、上山下海的苦哈哈路線

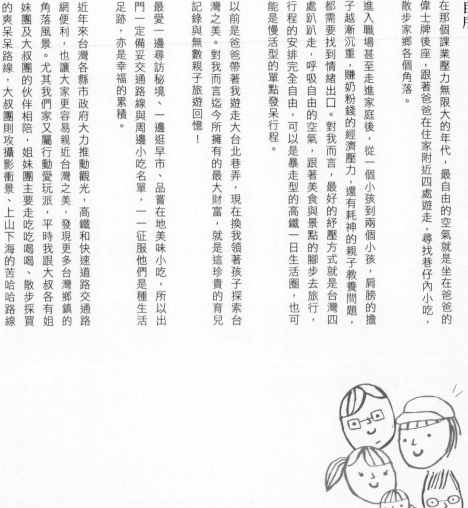

（沒得睡也隨便吃那種），到了假日再合體，帶著兩個小孩親近郊山或去民宿飯店輕鬆玩耍，所以小女兒非常期待假日的到來，每天都在問還有幾天會放假……

而小姑則是我們的台南特派員，屬任務編組，這本旅遊書等於是全家人的旅遊寶典，自從有了小孩後，帶他們瘋玩12年的台灣趴趴走濃縮版，從小小允嘉到他已經要上國中了，這才生出第二本旅遊書，希望能藉由這本書讓大家認識更多美麗寶島。

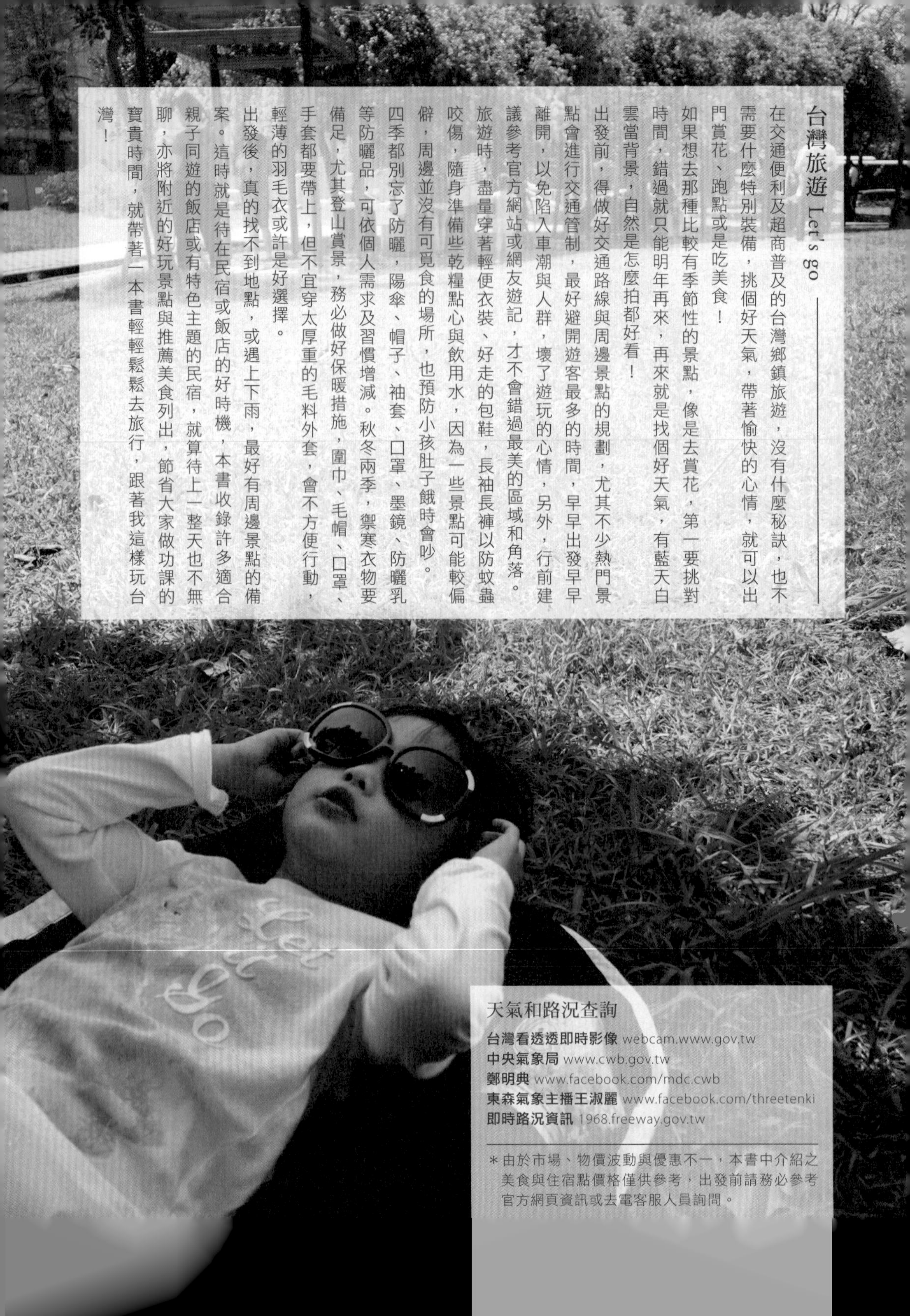

台灣旅遊 Let's go

在交通便利及超商普及的台灣鄉鎮旅遊，沒有什麼秘訣，也不需要什麼特別裝備，挑個好天氣，帶著愉快的心情，就可以出門賞花、跑點或是吃美食！

如果想去那種比較有季節性的景點，像是去賞花，第一要挑對時間，錯過就只能明年再來，再來就是找個好天氣，有藍天白雲當背景，自然是怎麼拍都好看！

出發前，得做好交通路線與周邊景點的規劃，尤其不少熱門景點會進行交通管制，最好避開遊客最多的時間，早早出發早早離開，以免陷入車潮與人群，壞了遊玩的心情，另外，行前建議參考官方網站或網友遊記，才不會錯過最美的區域和角落。

旅遊時，盡量穿著輕便衣裝、好走的包鞋，長袖長褲以防蚊蟲咬傷，隨身準備些乾糧點心與飲用水，因為一些景點可能較偏僻，周邊並沒有可覓食的場所，也預防小孩肚子餓時會吵。

四季都別忘了防曬，陽傘、帽子、袖套、口罩、墨鏡、防曬乳等防曬品，可依個人需求及習慣增減。秋冬兩季，禦寒衣物要備足，尤其登山賞景，務必做好保暖措施，圍巾、毛帽、口罩、手套都要帶上，但不宜穿太厚重的毛料外套，會不方便行動，輕薄的羽毛衣或許是好選擇。

出發後，真的找不到地點，或遇上下雨，最好有周邊景點的備案。這時就是待在民宿或飯店的好時機，本書收錄許多適合親子同遊的飯店或有特色主題的民宿，就算待上一整天也不無聊，亦將附近的好玩景點與推薦美食列出，節省大家做功課的寶貴時間，就帶著一本書輕輕鬆鬆去旅行，跟著我這樣玩台灣！

天氣和路況查詢

台灣看透透即時影像 webcam.www.gov.tw
中央氣象局 www.cwb.gov.tw
鄭明典 www.facebook.com/mdc.cwb
東森氣象主播王淑麗 www.facebook.com/threetenki
即時路況資訊 1968.freeway.gov.tw

＊由於市場、物價波動與優惠不一，本書中介紹之美食與住宿點價格僅供參考，出發前請務必參考官方網頁資訊或去電客服人員詢問。

北台灣篇

徘徊於城市外緣的悠遊，
撿拾城市日常裡被漸漸忘卻的自由氛圍。

在季風吹過的岸上——北海岸

想念的味道——東北角

那一年我們還年輕——大台北

桐花雨落，尋味忘返——桃園中壢

客家庄的熱情呼喊——新竹苗栗

海岸、漁港、步道、夜景……

挑一個風和日麗的日子，
一起遠離城市生活的慣性，
去看海、去迎風、去想像更多的未知，
將走過的景致，悄悄規劃成專屬的私旅。

北海岸

三芝、石門、金山、萬里

在季風吹過的岸上

來看海吧，GO！

週休假日想到海邊走走，往淡水的方向一路塞，而宜蘭方向的雪山隧道經常成為大停車場，私心建議金山萬里北海岸是不錯的替代方案。北海岸遊憩區的大致範圍是從東邊的萬里翡翠灣到西邊的淡水，沿著海岸線有不少異國風情景觀咖啡廳和行動咖啡車，國道1號轉台62快速道路沒多久就可以看到海，途中有野柳女王頭、飛行傘基地、翡翠灣希臘造景、龜吼漁港萬里蟹和萬里亞尼克創始店等知名景區和熱門店家，進可攻金山老街，退可守基隆夜市，即便塞車車陣也不會太冗長，適合安排輕鬆看海一日遊！

而從二〇一五年初開始，新的雙北快速公車953開通，從板橋車站、台北大安區、基隆大武崙、萬里、翡翠灣、龜吼漁港、野柳地質公園一路玩到金山老街，大家可以多加利用！

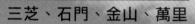

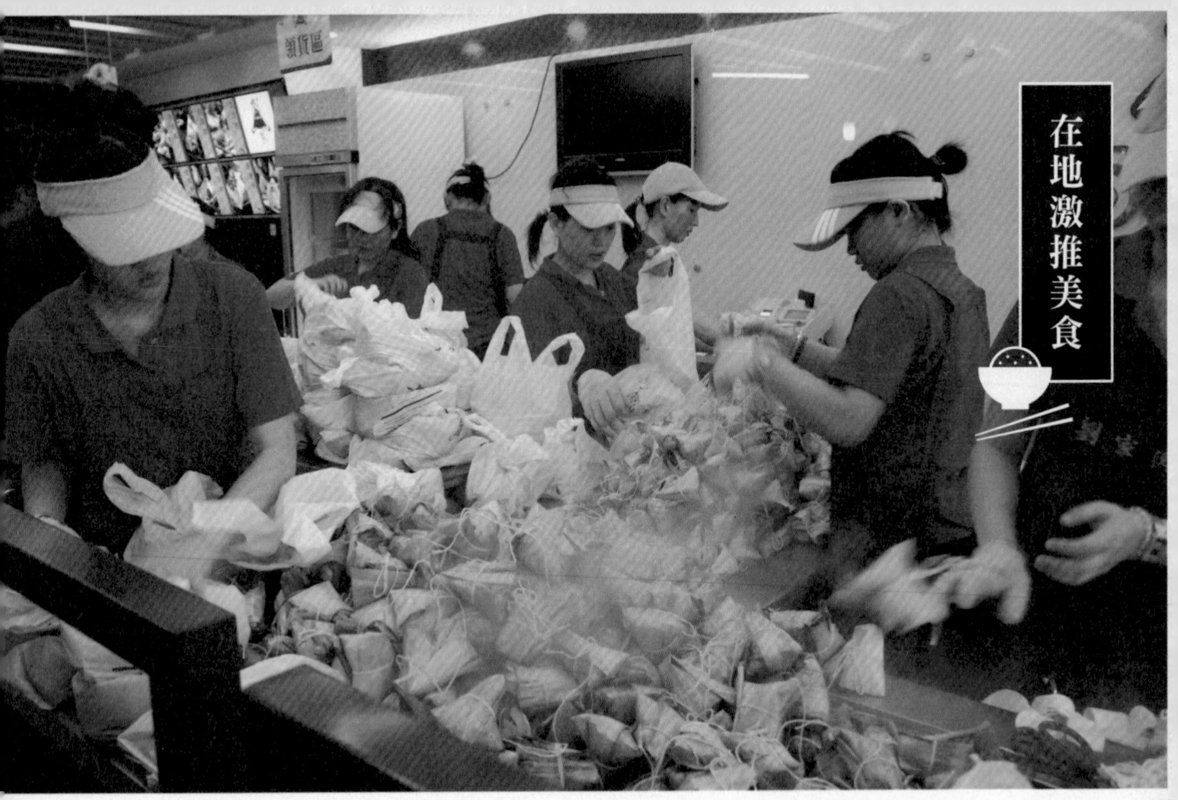

十八王公粽‧劉家肉粽 @ 石門

石門劉家肉粽是每年端午節的大熱門，亦即知名的十八王公粽，店內販售的肉粽種類齊全，順路帶了石門劉家肉粽到台電風力發電廠野餐，燒燙燙的肉粽，在車內飄出陣陣香氣，要忍著回家再吃真的有點難度！

招牌小肉粽內有一塊瘦肉角，脆脆的菜脯不會死鹹，米粒的口感適中，帶著一些些胡椒香；大肉粽配料則有二塊瘦肉，一些些花生，一小塊香菇，菜脯和胡椒依然為米飯達到加分作用。劉家肉粽價位不高，選擇眾多、香氣飽滿，往往是樂遊北海岸的美食良伴！

白日夢 Tea & Café @ 石門

傳說中的遠得要命國小，原是基隆 Debut café 德怖咖啡二號店，現則改為白日夢咖啡，位於石門和金山交界的阿里荖藝術園區，前身是乾華國小草里分校，現已廢校，與咖啡店合作經營，靠山面海景觀優。此處餐具皆為陶藝家親手製作，質量兼備，現場也有些在地手創與小農產品販售，假日不定期有市集攤位，非常建議到此停留一憩。

劉家肉粽

金山鴨肉×阿玉蔴粩×金山肉包王 @金山老街

非假日時段，泡完湯逛人潮不多的金山老街真是舒服，走進巷口雖然人潮不多，但不難發現所有遊客全集中在廟口金包里鴨肉。

金山鴨肉在用餐時間座無虛席，類似流水席的販賣方式非常獨特，想吃什麼自己決定、端取，飽餐後再結帳即可。或許剛泡完湯肚子特別餓，每道菜餚通通合胃口，尤其是那盤配著大塊蔥段蒜苗入口的炒下水，更是一絕！

阿玉蔴粩在金山老街內，共有十二種口味之多，阿婆與客人互動的態度親切大方，亦不吝提供試吃，讓人心甘情願的購買入手。

金山肉包王位在客運站牌下，店家的服務態度很親切，包子饅頭之外，還有販售油飯和豆漿米漿，口味極佳，十分推薦。

阿玉蔴粩

金山鴨肉

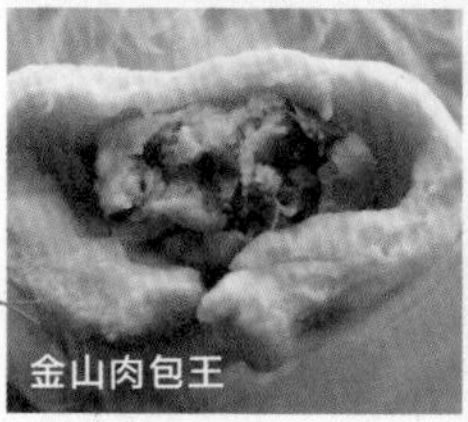
金山肉包王

阿玉蔴粩

蔥肉包不大顆，皮軟餡帶汁，鳥大叔很愛！

劉家肉粽（十八王公粽）
A 新北市石門鄉中央路 30 號
P (02)26381088
T 09：00 ～ 20：30
　假日：09：00 ～ 22：00

阿里荖藝術園區 | 白日夢 Tea & Café
A 新北市石門區草里村阿里荖 47-2 號
（台 2 線 33.K）
P (02)26382578
T 平日 11：00 ～ 18：00
　假日 11：00 ～ 20：00

金山鴨肉
A 新北市金山鄉金包里街 104 號
（漳聖王廟口）
P (02)24981656
T 09：00 ～ 19：00

阿玉麻粩
A 新北市金山鎮金包里街 63 號
P (02)24081889
T 平日 09：00 ～ 19：00
　假日 09：00 ～ 20：30

金山肉包王
A 新北市金山鄉中山路 237 號
P (02)24985787
T 平日 05：00 ～ 14：00
每月第一、三個週三店休

亞尼克創始店 @萬里

亞尼克萬里創始店幾乎成了萬里的招牌店家，假日門前停滿了車，店內一位難求！店面分成外帶和內用兩區，前者有低消限制，後者享有外帶飲料加購優惠，另有現烤現作的開放烘焙室，既能讓遊客瞭解產製過程的新鮮感，更能提供一份心安。

知名的十勝生乳捲，中間層的鮮奶油口感輕盈，外圈的薄皮同樣吹彈可破，泡芙蛋糕軟綿中帶點彈性，原口味已經很厲害了，新口味的魔鬼起司生乳捲更是大獲好評！而特殊竹編籃裝的地瓜千層酥，最初只在創始店限定販售，現在產量穩定可以應付客人需求，內湖店和板橋店都買得到；其外皮香酥、內餡香甜，點杯茶飲或無糖咖啡，即刻是一段簡單美好的午茶時光。

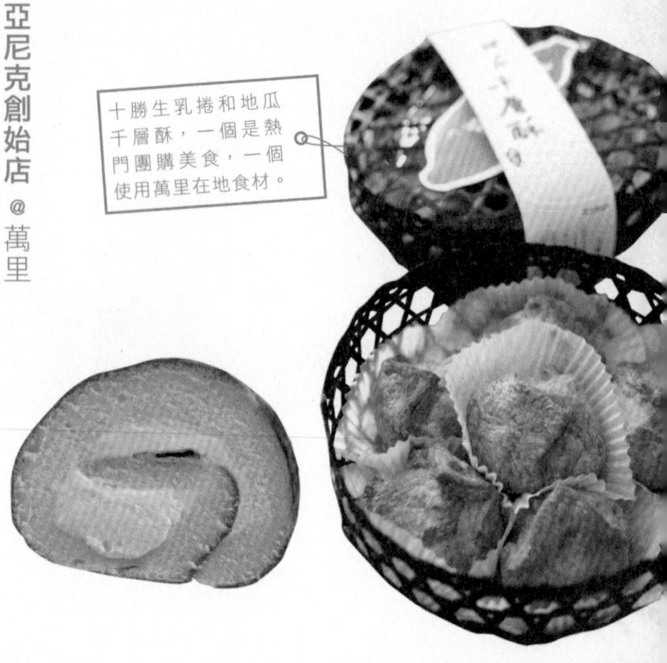

十勝生乳捲和地瓜千層酥，一個是熱門團購美食，一個使用萬里在地食材。

內用區不定期改變主題佈置，讓遊客有不同感受。

溪嫂活海鮮 @萬里

二〇一二年起新北市政府成功行銷萬里蟹，讓龜吼漁港從內行人吃喝採買的小漁港，搖身一變成為北海岸熱門景點，周邊餐廳大爆發，人潮持續湧入。遊客來吃萬里蟹，龜吼漁港（聽說螃蟹產量佔全台灣80％以上）裡的阿嬌代客料理、三明美食和漁莊都是網友推薦的熱門餐廳。

然而，我們家對於不在龜吼漁港的溪嫂活海鮮最有印象，店面在往金山的舊野柳隧道口，旁邊即是野柳漁港，位置稍微偏僻。溪嫂本身有賣萬里蟹，老闆娘很親切，點菜時有問必答，價位建議事先詢問，結帳前心裡才有個準。

花蟹清蒸的代客料理費 100 元，加豆腐清蒸料理費 150 元。

頂寮小吃店 @萬里

近年最夯的就是龜吼漁港萬里蟹，價格被哄抬過高，如果目標不是萬里蟹海鮮餐廳，頂寮小吃店是在地人推薦的平價小館，招牌菜是炒茶魚肚和生炒鯊魚，平日也可以點便當快餐或炒麵炒飯，菜色多元，口味家常，是經濟實惠的選項。

燒！萬里烤玉米．知味鄉×一品香 @萬里

萬里海岸線除了漁港、野柳女王頭、翡翠灣和飛行傘滿天飛，知味鄉玉米也算是知名地標（離金山市區不遠），而且在濱海公路雙向各有店面，完全滿足金山或基隆方向過來的饕客，排隊人多，可事先電話預訂，也可現挑現烤現等。

本店採用糯米玉米，醬汁不厚，香氣適中，玉米口感軟Q帶汁，恰是深得我心的典型，吃軟不吃硬。

距離不遠處的一品香石頭碳烤玉米，同樣先燜後烤，但是採用自動旋轉式烤玉米，火力和醬汁較為均勻，表層添灑了芝麻，調味較重，提供偏愛此款口感、風味的人另一種選擇。

知味鄉

一品香

先用石頭燜熟，再上烤架，烤完會先插在旁邊吹風納涼，再給客人。

亞尼克菓子工坊創始店
A 新北市萬里區瑪鍊路 127-5 號
P (02)24926359
T 10：00 ～ 22：00

溪嫂活海鮮（龜吼漁港 / 萬里蟹）
A 新北市萬里鄉野柳村港西路 78 之 17 號（舊野柳隧道口）
P (02)24927271．0932261546
T 平日 10：00 ～ 19：00
週五～日 09：00 ～ 20：00

頂寮小吃店
A 新北市萬里區頂社 15 號
P (02)2498-3668
T 10：00 ～ 20：00

知味鄉玉米
A 新北市萬里鄉大鵬村加投路 5 號（台 2 線 44.5K）
P (02)24980345
T 11：00 ～ 22：00

一品香石頭玉米
A 新北市萬里鄉大鵬村頂社路 15 號
P (02)24989988
T 平日 10：00 ～ 23：00
假日 09：00 ～ 23：00

步道上遍植山櫻、八重櫻、昭和櫻及吉野櫻等，由於花期不一，一月底至三月中旬來都看得到花。

群櫻紛飛漫步行．三生步道 @三芝

每年櫻花季是三芝最熱鬧的時候！二、三月來到三芝，根本不怕沒花可賞！北11線、北7線、木屐寮等路段，一個轉彎，不論是私宅、路邊、山頭，滿山遍野從緋紅、嫣紅、粉嫩到粉白，不同品種的櫻花接力在枝頭綻放點綴三芝，旅人只需放慢腳步，懷著輕鬆的心情，不管遊車河或下車漫步，都是一種享受！

其中三生步道是較新的賞櫻景點，全長兩公里，中間是封溪護魚的大坑溪，以半生態工法，建攔沙壩及魚梯，兩旁仍保留私人農地，因兼具生態、生產與生活等功能，故以三生步道命名之。

整條沿溪步道以安山岩鋪設，一路平緩好走，天氣好時沒得遮蔭，天氣不好風大要注意，路旁可看到筊白筍育苗，三芝的美人腿遠近馳名，不過一年只有一收，四月種十月採，不像其他地方靠夜間照燈，一年可多收，這裡只靠最天然的日光，故產量極少。

沿路可欣賞美麗的櫻花、梯田與呼吸新鮮空氣，自行開車的話，從台2線20.8K轉入舊台2線，前行約兩百公尺，抵達17號橋便是三生步道的入口，欲轉乘公車，則在捷運淡水站下車，轉乘公車862（往基隆）、863、865、867、892至「新庄子」站下車，沿舊台二線步行三百公尺。

避暑親子步道．青山瀑布步道 @石門

石門青山瀑布步道路口一開始是連續上坡的石階，約百餘階，可輕鬆解決，邊走還有潺潺流水聲相伴，一口氣走完後，就是平緩的步道！

前半段是平緩好走的水圳步道，兩旁林樹蒼蒼，幾乎不用撐傘，曬不到太陽，僅中間一段上坡路與崁底寮水圳稍微分開，但後來又接在一起。水圳步道盡頭是老梅溪谷，以我們的腳程大約二十幾分鐘，再往上更有原始森林風貌，而看到鐵橋出現，表示青山瀑布在不遠處。以允嘉的腳程來算，從步道入口至此大約三、四十分鐘，連續經過幾座鐵橋，爬上青山瀑布觀景台，頓時豁然開朗，水氣負離子芬多精一陣陣迎面而來！

青山瀑布步道全程林蔭，算是平緩好走，並且位於石門鄉老梅附近，順遊景點不少，如老梅石槽、富貴角公園、麟山鼻、白沙灣、石門洞、富碁漁港、甚至三芝、淡水和金山都可以排入一日遊範圍，進可攻退可吃！

青山瀑布步道

A 台2線濱海公路，至石門區老梅附近，轉入北17線（過淡水右轉，過富碁漁港不久），沿指標前進即達。

步道與水圳平行，溪水流的很快，步行時觀看水的流動，也是一種樂趣。

玩

富基漁港觀光漁市×老梅綠石槽×富貴角 @石門

富基漁港觀光漁市擁有特殊的墨西哥帽異國造型，內分A棟生鮮乾貨區、B棟為主題餐廳代客料理、咖啡廳等，空間整修後變得寬敞整潔，餐廳的廚房為透明開放設計，讓消費者看到海鮮料理過程，避免發生過去偷斤減兩或調包魚貨的問題，也希望有更自在、開闊明朗的享食空間。

季節限定！綠色礁岩海岸

老梅綠石槽位於富基漁港和風箏公園旁，從風箏公園過老梅大橋後馬上右轉即可到達，從淡水方向前往可在台2線25.2K（過富基漁港不久）左轉進老梅社區後，循莎蜜拉海岸咖啡館指標前進，老梅石槽就在咖啡館後方海岸。老梅綠石槽除了季節限定之外，出發前建議在中央氣象局網站查詢潮汐預報，滿潮時石槽完全浸在海中無法窺見景致，最乾潮時水位過低亦不利拍攝留影，此外，周遭並無遮蔽物，如果帶小孩前行，務必做好防曬和防無聊的準備。

每年三至五月季節限定的綠石槽，出發前建議先查詢潮汐預報，退潮時才會出現奇景。

富貴角燈塔步道

富貴角燈塔步道可以直接通到老梅綠石槽海灘，富貴角公園有野百合、天人菊和石板菜，富貴角燈塔步道沿途無遮陰，帶小朋友前往，注意防曬。

野柳海洋世界×地質公園女王頭 @萬里

萬里最知名的老牌景點是野柳海洋世界和地質公園女王頭，前者的海豚和海獅表演，是五、六年級爸媽們的兒時回憶，後者則為北海岸必訪景點之一。地質公園為狹長海岬，岬內有蕈狀岩、燭台石、薑石、壺穴、棋磐岩、海蝕洞等豐富地質景觀，多數外國觀光客都是為了一睹女王頭的風貌而來，往往人潮聚集處即可辨識，而位在一區的「俏皮公主」，大有成為接班明星的架勢。

藍白婚紗聖地．翡翠灣福華幸福八景 @萬里

翡翠灣福華飯店原有不少藍白婚紗造景，後來更專業發展為「幸福八景」，很適合人像寫真或婚紗攝影使用，隨時有新人來來去去取景、搶拍，往沙灘方向另有一些需購買門票的泳池、沙灘和教堂等特殊造景，更值得大人小孩相偕前往，共享海天一色的開闊感受。

另一個隱藏版景點──彩色屋，其實是星光翡翠社區入口的彩繪牆，位於翡翠灣福華飯店後方半山腰，看到翡翠灣左轉玉田路，左手邊就會看到了，彩繪牆面積不大，但經常是婚紗外景之一。

萬里隱藏版飛碟屋，在福華飯店隔壁，少部分甚至經過整建有人居住。

野柳地質公園
A 新北市萬里區野柳村港東路 167-1 號
P (02)24922016

萬里翡翠灣福華渡假飯店
A 新北市萬里區翡翠路 17 號
P (02)24926565

野柳地質公園的海蝕和壺穴地形，裡面竟然有隱藏版的小沙灘。

東北角

基隆、瑞芳、九份、金瓜石、福隆

想念的味道

來海邊吹風，GO！

自從有了台62線快速道路，造訪東北角的次數明顯增加，而基福快速道路的通車，讓駕車往返東北角福隆的時間又再縮短！好姐妹是基隆媳婦，所以基隆美食每每由她領路，絕對在地！尤其久久就會想吃咖哩炒麵，腦中首先浮現的是基隆復旦路附近的沙茶牛肉炒麵。

每次來到海邊就覺得心神舒暢，一望無際的遼闊感，令人心曠神怡，尤其這個地區有著過往開墾的痕跡，帶著孩子來，可以讓他們瞭解許多過去人民奮鬥的故事，是寓教於樂的假日出遊首選。

好吃蔥油餅．基隆周家豆漿店&過港社區市場 @ 基隆

周家豆漿店的招牌是先煎後烤的蔥油餅和餛飩湯，乾麵也很受歡迎。蔥油餅皮酥蔥香不油膩，蛋餅即是蔥油餅加蛋，同樣不油膩，現場不少客人會單點煎蛋；有網友推薦半熟蛋用蔥油餅去沾蛋黃來吃，記得配上辣椒醬，感覺非常過癮。至於好姐妹最喜歡過港社區市場裡的蔥油餅，這家的燒餅油條也很讚！

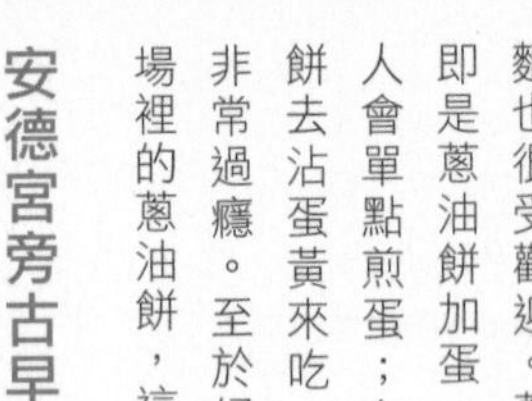

在地人 James 大哥的建議吃法，純加辣油，鳥大叔很喜歡。

安德宮旁古早味麵攤 @ 基隆暖暖

老街上的無名麵店，地址不詳，只知位於安德宮左側再過去一點點，是好姐妹小鳳的私房推薦，無論麵點或小菜，都充滿台灣傳統市場的古早味。乾麵有三種，意麵、細或寬陽春麵，下水湯，雞心雞腸極嫩極脆；嘴邊肉湯，溫體豬肉鮮度沒話說；豬心湯，三種湯品全是大骨薑絲湯頭，湯頭鮮的不得了；招牌雞肉更是鮮甜，私心大推！

姐妹都會偷偷先去吃麵再回婆家吃晚餐，她公公就曾打電話提醒：「晚上菜很多，不可以再先去吃麵」！

每過一段時間就會想念．老林咖哩沙茶牛肉麵 @基隆

基隆復旦路是有出了名的沙茶牛肉街，正確說來應該是咖哩沙茶牛肉，這裡的快炒全都加了咖哩粉，口味是半沙茶半咖哩，有人說是「半汕頭半台灣」，因為汕頭口味重咖哩，而台灣口味重沙茶。店內的必點沙茶咖哩炒三鮮，蝦子個頭不小，新鮮好吃彈性佳，豬肝、花枝火候掌握的不錯，又粉又嫩；沙茶咖哩脆腸，口感爽脆，很特別的一道料理；麻油腰子極嫩極脆，以上皆為必點菜色！

獨家吃法 單點烏龍麵，利用剩餘沙茶咖哩醬汁，使其淋在麵上，是James大哥傳授的獨家吃法，這種方式可以吃到不同口味的沙茶咖哩味道！

老林的麵條也是一絕，單點麵條時會先以薄鹽醬油略微炒過，Q滑的烏龍麵口感一流，類似讚岐烏龍麵，但口感又稍硬一些。

在地人推薦．南北小吃海鮮 @基隆

基隆在地朋友推薦的海產小吃店，店址位於基隆信一路田寮河邊，離基隆夜市約幾分鐘車程，步行約二十分鐘，晚上開始營業，才入座不久就全店客滿，入座多半是在地人。店內沒有菜單，直接請老闆娘依當日攤頭海鮮推薦上菜，海鮮類夠新鮮，點給五個小朋友吃的軟爛型炒麵，大人都說讚！此外，炒豬血和雞肉也出乎意料的夠水準。

最後這道紅糟肉，完全就是我的菜，硬是讓大家停下來的筷子又動了起來。

超人氣海鮮餐廳．海龍珠 @基隆

本店離交流道近，好停車，生意超好，假日建議先預約，到此用餐直接依人數點合菜最快，不用傷腦筋，菜色新鮮、CP值高，魚排翅、鰻魚油飯及魚味噌湯都不錯，龍蝦三明治略油，但口味特殊，頗有記憶點。

周家豆漿店
A 基隆市信二路 309 號
P (02)2425-9988
T 04：30 ～ 12：30 ／週一店休

老林咖哩沙茶牛肉
A 基隆市中山區復旦路 9 號
P (02)24272161
T 11：00 ～ 14：30、17：00 ～ 19：00 周三店休

南北海產小吃
A 基隆市仁一路 85 號
P (02)24223537
T 16：00 ～ 22：30 ／週一店休

海龍珠活海產
A 基隆市基金三路 71-7 號
P (02)24340088．24340066．24340077
T 11：00 ～ 21：00 ／週二店休

友信海鮮合菜 @深澳漁港

友人Jason兄大推本店，甚至幫忙訂位，進了深澳漁港看得到指示牌，照著走就會抵達。店內幾乎是大圓桌，適合多人聚餐，才能嘗試多種菜色，今日鮮貨會寫在白板，我們的主要目標——花蟹和三點蟹都在其中。

海膽煎蛋緊接著海鮮粥登場，引起眾人歡呼，James邊吃邊說，海膽還真多，被男人和小朋友秒殺！花蟹鮮甜肉質飽滿，三點蟹炒洋蔥蛋，加了豆瓣拌炒，一樣好吃！

私房話老實說

飯後有小芋冰，這頓總共十五道菜，結帳不到五千，扣除單價較高的蟹，算是中等價位，海鮮類都有一定水準。

黃金泡芙．米詩堤甜點王國 @瑞芳

店址位於往九份的必經之路，二層樓建築，一樓漆成藍白風，右邊規劃了露天咖啡座，進了店內才知道，不止賣泡芙，還有多種甜點蛋糕，可供選擇。泡芙Size很大，外皮酥酥的，內餡地瓜泥不會過甜，吃完不會膩，我和大叔都覺得口感極優。

阿柑姨芋圓 @九份老街

九份老街是全台熱門老街前幾名，平假日都是滿滿觀光客，為了避免擠破頭，現在如果有來九份，目的地只有一個，就是位於九份國小階梯下方的阿柑姨芋圓。

所謂黃金泡芙，就是酥皮包地瓜泥。

走在岸邊的深澳漁港不會聞到腥臭味，感覺很舒服。

九份老街必拍景點── 阿妹茶樓。

福隆便當選哪間好？

出了福隆車站，左右兩側都是知名的福隆便當店，鄉野便當和宜隆便當在同一邊，另一側是福新便當。鄉野的隊伍排最長，從門口直到廚房，耐著性子排了約二十分鐘才拿到便當，雖然在板橋有分店，但是唯有此刻才能感受最美好的鐵道便當風味！

加碼補充 前一站的貢寮月台便當，我家大叔也很愛，招牌飯飯量十足，米飯口感Q又香，主菜肥瘦肉都有，配菜以雞捲最為出色。

友信海鮮合菜餐廳
A 新北市瑞芳區深澳路 189-7 號
P (02)24977777、(02)24971813
T 11：30 ～ 14：00、16：30 ～ 20：00

米詩堤甜點王國
A 新北市瑞芳鎮明燈路一段 18 巷 6-1 號
P (02)24976296
T 10：00 ～ 19：00

阿柑姨芋圓
A 新北市瑞芳鎮豎崎路 5 號
（九份國小階梯下）
P (02)24976505
T 平日 09：00 ～ 20：00
假日 09：00 ～ 21：30

福新福隆便當
A 新北市貢寮鄉福隆村福隆街 4 號
P (02)24992077
T 08：00 ～售完為止

鄉野便當
A 新北市貢寮區福隆街 1 號
P (02)24991417
T 09：00 ～ 18：00 ／週二店休

宜隆福隆便當
A 新北市貢寮鄉福隆村福隆街 5 號
P (02)24991627
T 08：00 ～ 18：00

一肥一瘦肉是福隆便當的特色。

醬樣卡好玩

天然海水游泳池 @ 外木山&和平島海角樂園

外木山位在基隆和萬里之間，Jason 兄推薦的大武崙澳底沙灘，下基金交流道往萬里方向，過海龍珠餐廳的三叉路口走右邊濱海公路，注意右手邊的外木山龍蝦麻糬指標，隨即下切到海岸線即達。與北海岸的三芝淺水灣、石門白沙灣、萬里翡翠灣比較起來，沙灘小而美，卻是有著秘密基地的獨特感受。

重新開放的基隆和平島海角樂園，除了以城堡海景重新亮相，還有環山步道、特殊地質景觀、人造沙灘、生態池（兒童戲水池）、天然海水游泳池、烤肉區、露營區和軍事管理區，整個園區自由迴繞來去。城堡二樓有主題餐廳、三樓則是藻樂趣簡餐咖啡座，大叔團選擇往高處爬，來一份海藻早茶，這天暖陽高高掛，在戶外咖啡座吹風賞景，享受無敵海景的老人茶時光。

城堡正後方是海水游泳池、沙灘和兒童戲水池，開放到每年十月底。

隱藏版龍貓公車站 @ 基隆中正公園

基隆中正公園是在地人的後花園，假日就近遛小孩的好所在，現在還出現了龍貓公車站，隱藏在中正公園的壽山亭內，看到孔子圓環表示達陣。牆面的天空之城和龍貓公車站牌彩繪是在地神秘塗鴉客所留下的創作，雖然只是小小的混凝擋土牆彩繪，也沒有任何指標和設施，卻意外成為吸引遊客的新亮點。

外木山

基隆中正公園

和平島海角樂園
A 基隆市中正區平一路 360 號
P (02)24635999
T 08：00 ～ 20：00（夏令 6 ～ 9 月）
08：00 ～ 18：00（冬令 10 ～ 5 月）

壽山亭龍貓公車站彩繪
A GPS 訂位基隆中正公園或中正國中均可達

隧道外是熾熱的空氣，隧道內卻是涼爽的微微徐風，允嘉化身奔跑中的佐助，準備朝著鳥大叔使出千鳥 orz…

很有fu的舊隧道群 @瑞芳猴硐

不同於九份、金瓜石、甚至平溪菁桐等鄰近小山城的觀光商業化，猴硐小鎮讓人有遠離塵囂的寧靜感，雖然搭乘火車造訪此處更有fu，但車行於瑞候公路（北37線）也是一種享受，河道對面不斷有火車在隧道群中鑽進鑽出，消失後又突然出現，鐵道風景竟讓人有置身日本鄉村的錯覺。

此外，猴硐還有許多值得探訪的礦業人文神社遺址和登山古道等等，而我對於舊隧道群「三也磅空」（「三座山洞」的台語發音）最感興趣。

全台下樓最快的國小 @金瓜石濂洞國小

濱海公路約81.5公里處右轉上山，看到路標再右轉即可達濂洞國小，轉進山路時還可見對面的黃金瀑布。

濂洞國小圍牆邊的古樸小徑，靠山面海，圍牆邊有大量盆栽、多拉A夢垃圾桶、古老礦車，和無敵陰陽海海景，以如此的景致，說是戶外景觀咖啡座一點都不為過。

小司令台對面是校長室、職員室和超長溜滑梯，在這裡遇到學校職員，才知道這是個僅有二十五人就讀的迷你學校，司令台正對面藏著秘密的超長溜滑梯，現在更是大進化，被拉皮彩繪成海底世界，周邊也以3D浮雕方式，看來會繼續熱門下去。

溜滑梯二旁就是一樓通往二樓教室的樓梯，上去用走的，下來用滑的，真是太省事了！

私房話老實說

濂洞國小依山傍海坐擁天然美景，學生們實在極為幸福！千萬記得，這裡不是遊樂場所，請以不打擾學校及學生為前提，並帶走美麗的回憶！

黃金海岸創作之美 @ 福隆國際沙雕藝術季

福隆國際沙雕藝術季約在每年五月初展開，活動持續到六月底，除了開車造訪之外，搭火車是最方便迅速又免塞車的選擇，停靠福隆站的是區間車和莒光號，活動期間增停自強號，可以看到暖暖、猴硐、雙溪等山城小站的美麗風光，出站也有福隆便當可買，步行約十分鐘便抵達沙雕季會場，買了門票直直走，一路到底就就可以欣賞精緻、特別的沙雕設計！

站在高崗上 @ 桃源谷大草原

登上桃源谷的步道有四條，分別為內寮線、石觀音寺線、大溪線和草嶺線，其中以內寮線1公里最短，石觀音寺線3.5公里，草嶺線4.5公里，大溪線長達5公里。我們選擇最輕鬆的內寮線，從貢寮走吉林產業道路上山（山路約二十分鐘車程），GPS設定吉林國小或吉林派出所，到附近再沿桃源谷路標就能到達內寮蕭家莊登山口，步道約1公里長，約花二十幾分鐘就可到達。另外，還有一條懶人路線，在快到蕭家莊前的叉路，地上有個粉筆畫的石觀音寺指標，沿著指標左轉可以直接開上桃源谷，可做為不想爬山的旅客之選項。

桃源谷大草原時常被拿來與擎天崗比較，風

勢挺大，越往上走登高望遠，風景視野更好。曾經有朋友從大溪火車站下車，採取健行方式，在綿延不絕的山稜線上行走，風景極佳，一邊是遼闊綠色大草原、另一側是無邊的太平洋海天一色，更可以遠眺龜山島，站在高崗之上，體會台灣島嶼景色之美。

水牛悠閒的在草地上曬太陽

走在漫山的白背芒中，完全忘卻這一路來的辛苦。

來去住一晚

騎車玩沙下水一次滿足 @福容福隆大飯店

福隆沙雕季時就很想帶兄妹倆來玩沙、騎單車，拖著拖著直接拖到暑假過了才成行！雖然沒有精彩的沙雕可看，但暑假過了也有好處，一來人潮少，天氣沒那麼酷熱，二來淡季房價折扣較大，可以省點錢入住福容福隆，飯店就在海水浴場內，小朋友玩沙戲水都方便。

此處是偶像劇《下一站幸福》的取景地，幾乎都是獨棟Villa，房價較為高檔。我們入住精緻四人房，與二樓其他房客之間的出入口有林木相隔。兄妹倆一進門就發現低矮的水龍頭，這個很重要！因為來沙灘鐵定弄得滿身沙，可以洗完手腳再進屋。除了庭園之外，還有個發呆亭、二個躺椅和一個盪鞦韆，晚上可以坐著數星星。

還沒進房，妹妹就吵著要盪鞦韆，哥哥幫忙顧，爸媽趁機搬行李進房。

一房一廳各有一張床，冷氣是獨立調整，電子壁爐開啟時會有假柴火影像，液晶電視可旋轉，房間中央有餐桌，二大床一個較軟一個較硬，任君挑選，枕頭舒適度適中。至於最重要的浴室超大間，分別有二個蓮蓬頭，爸媽可以一人洗一個小孩；馬桶和衛浴設備都是二套，方便家庭成員使用。

福容福隆的房客除了進出海水浴場不用額外費用且不限時間之外，離福隆車站也是超近，如欲購買鐵道便當非常方便，而且無須和一般遊客搶車位。我們放好行李稍事休息過後，直接走到福隆車站買便當、租單車，從車站沿著鐵道騎，大約十來分鐘就會到達舊草嶺隧道，一開始有幾段緩上坡，需要小小適應。

舊草嶺隧道裡一路直通，沒多久就來到宜蘭石城這一端，出口處的龜山島清晰可見。

騎完舊草嶺隧道，接著去福隆沙灘看夕陽。老天賞了個美麗的海景落日，運氣很不錯，二個孩子在沙灘玩到捨不得離開……此趟行程悠閒自在，如果因為城市工作感到疲倦而偶爾想外出走走，鄰近台北的東北角之旅與福容福隆，絕對是最方便、最無須多費心煩惱的規劃選項。

福容福隆大飯店

W fulong.fullon-hotels.com.tw
A 新北市貢寮區福隆里福隆街 40 號
P (02)24992381
推薦房型 獨棟 VIP 別墅 定價 39800 元
（各房型之實際優惠房價，請洽詢各飯店官方網站或客服人員。）

私房話老實說

入住福容福隆的最大優點是方便進出沙灘，一般遊客還買不到門票進場的時候，八點之前已經可以待在橋上或沙灘上玩沙、拍日出，一旦玩沙流汗，想要回房間沖水也方便，是福隆沙雕季時的住宿首選。

大台北

八里、淡水、北投、士林

那一年我們還年輕

自信推薦，請笑納！

此區和我們一家有很深的地緣關係，自己在士林、北投住了長達二十八年，大叔和小姑年輕時代也各在淡水工作、生活了好幾年，所以這些去處不僅都熟透了，同樣有著很深的情感。即便到現在，小孩都長大了，也還會帶著他們回來重溫年輕時喜歡吃的食物以及遊玩的景點。

淡水北海岸雖然一變再變，部分新景點隨遊客湧入而變得濃妝豔抹，但許多老地方和小角落還是跟記憶中一樣美，留給老淡水人慢慢尋味……來到大台北區，千萬別忘了去淡水河堤吹吹風、去八里騎乘單車、去北投溫泉區泡湯，並且上陽明山大啖野菜與賞花。

在地激推美食

古早阿婆麵 × 老牌阿給 @淡水

阿婆麵店以前位在淡水老街福佑宮正對面的中正市場，後來市場打掉重練才搬家，現址於三民立體停車場正對面，還沒到真理街上坡處。雖然店面不明顯，但生意依然好得很。湯麵和乾麵都會附上一塊豬肉片，淋上一匙油蔥豬油，十足的古早味！招牌小菜有炒鯊魚和紅燒肉，紅燒肉可選瘦肉或五花，門口的甜辣醬記得自行增添，讓食物風味更有層次。

來到淡水老牌阿給，不時可以看到在地人將阿給充當早餐，而且通常在下午三點前就會賣完，晚來的人只能望著鐵門嘆氣。每回造訪，我一定會點大辣阿給配冰豆漿當早午餐，冰豆漿表面有少許結冰，喝起來過癮極了，絕對不能錯過！

老牌阿給的獨到之處除了辣醬外，還有封口的魚漿及口感實在的油豆腐。

藍線直走可至漁人碼頭和沙崙海水浴場，右線小叉路斜坡上去可至小白宮和真理大學，我最愛的真理街老牌阿給就在紅線斜坡上。

晚到沒活跳海鮮可點·一支釣

@八里

一支釣是八里在地名店，生意好的不得了，假日沒訂位別想有位子，室內陳設屬於在地台式，坐在套了紅色塑膠袋的大圓桌格外親切，我們家一吃就愛上，隔週再帶好姐妹一家來品嘗，大家都說讚！店內主打海鮮大菜，點餐時老闆娘直接招手，帶你進廚房，當天有什麼漁獲就吃什麼，有中意的千萬別猶豫，先搶先贏，晚來就沒菜了，老闆會額外建議合適的料理方法，基本上只要是當令漁獲，新鮮度夠，最簡單的清蒸方式就很好吃了！

推薦必點蚵仔麻油麵線、炸三層肉及紅燒大蝦，而且還有滷肉、滷蛋、滷豆乾可免費自取，數量極為有限，正所謂早起鳥兒有蟲吃，手腳夠快才能嚐到隱藏版小菜。

私房話老實說

建議中午十二點之前來此報到，或是挑非假日，不然活跳海鮮全被挑光光，只能望滷肉汁生嘆……

蚵仔麻油麵線雖然有加酒，但酒精味道已經燒光轉成甜味，連我家妹妹也愛喝。

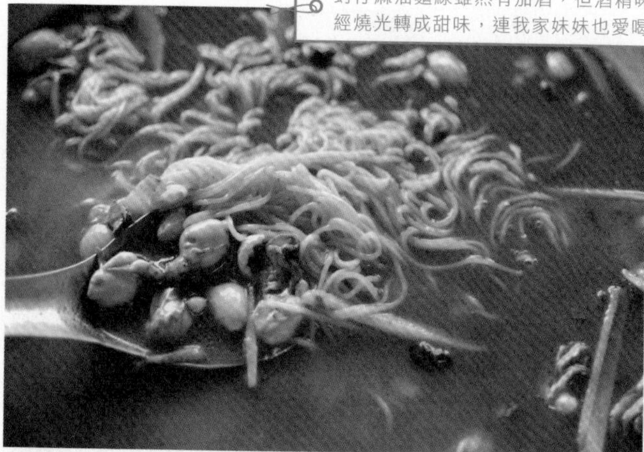

阿婆麵

A 新北市淡水區文化路 20 號

P 0955904877

T 06：50 ～ 16：00
每月第一、三個週三店休

淡水老牌阿給

A 新北市淡水區真理街 6-1 號

P (02)2621-1785

T 05:00 ～售完為止
每月第一個週一店休

一支釣

A 新北市八里區龍米路三段 49-1 號

P (02)26193745

T 11：00 ～售完為止／週一店休

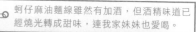

陽明山人氣最旺的野菜餐廳．青菜園 @北投

如果在網路尋訪竹子湖的野菜餐廳，網友推薦的前二名就是冠宸食館和青菜園，不分平假日都是人潮滿滿，冠宸食館位在頂湖入口，有交通地形的優勢，而青菜園就沒那麼好找，外觀更是簡易鐵皮屋，但是經由口耳相傳，大家就是找的到路並且將此處擠爆，停車位完全不夠，花季期間還不接受預約訂位，必須現場登記候位。

竹子湖的眾野菜餐廳除了必備山藥／鮮奶小饅頭，最特別的是提供地瓜湯和米粉湯，以前皆為免費取用，現在每家餐廳規矩不同，青菜園是每碗三十元，可無限續湯。點菜區在料理區前方，要排隊點菜，直接看牆面菜單，除了合菜及各式雞料理有價目，其他沒有標價。這裡的招牌是白斬雞，在廚房裡堆積成山，可以點半隻或一隻，這座山很快就被識貨的饕客們消化光光。此外，筊白筍鹹蛋、炒綜合茹、山筒蒿及山豬肉都好好吃，份量也不少，其中筊白筍鹹蛋評價最高，山豬肉底層還有厚厚一層龍鬚菜，非常下飯，這些皆為推薦必點菜色。

私房話老實說

米粉湯有芋頭和蝦米香，地瓜湯則需要店員服務，才能撈起地瓜料，除此之外，也可以點鍋湯來喝，因瓦斯管線問題，店裡的湯是聚集在同一區煮滾，非常有趣。

青菜園招牌必點的白斬雞，皮薄新鮮好吃！

店員推薦的金莎南瓜，鹹香帶甜，有點烏魚子的 fu ！

張吳記什錦麵 @北投

不知老闆是不是很迷《倚天屠龍記》才取名「張吳記」什錦麵，店址在捷運奇岩站附近，用餐環境乾淨舒適，服務人員態度親切，除了招牌什錦麵，主打古早味現炒料理。切記！千萬不要依人頭數點什錦麵，小碗什錦麵已足夠二個人吃，碗公超大，口味清淡，配菜剛好！什錦炒麵也頗大盤，招牌黑排骨和鹹蛋金瓜都好吃，飯後還會送上水果，給人一種良好的善意。

店家最大招牌就是巨無霸什錦麵，一碗N人吃！

好丘 good cho's 天母店 @士林

既是餐飲，又是雜貨賣店，更能結合展覽，成為三合一的複合式空間，好丘天母店共有三個樓層，一樓餐廳、二樓選品、三樓小閣樓是展覽藝文空間，室內牆面透過彩繪，吸引兒童的目光，結合人造衛星、山、天空牆面創作的包廂區，讓人有身處海底世界之感，而舒適愜意的榻榻米區，以及店內提供的繪本與玩具，則適合帶小孩一同前往。

私房話老實說

身為消費者，相當樂見好丘這類複合餐飲生活空間的出現，提供在地設計師任意揮灑的舞台，充份善用台灣當地食材，其中不乏自然耕法的作物與跟著季節時令走的醬料點心。

青菜園
A 台北市北投區竹子湖路 55 之 11 號
P (02)2861-9165
T 10：30 ～ 20：00 ／週三店休

張吳記什錦麵
A 台北市北投區大業路 280 巷 35 弄 2 號
P (02)28922207
T 11：00 ～ 14：00、17：00 ～ 21：00
週二店休

好，丘 - 天母店
A 台北市士林區天玉街 38 巷 16 弄 2 號
P (02)28735889
T 09：00 ～ 21：00
每月第一個週一店休

醬樣卡好玩

八里左岸單車親子遊 @八里

從十三行博物館出發，可以直接走前方單車道，也可以走後方通往兔子餐廳的路，如果帶小朋友不建議騎後方，因為指標不太清楚，進入古厝民宅社區後，還會有點小迷路。但是不論哪個方向，都會在挖子尾自然保留區會合，這裡的紅樹林濕地有很多螃蟹，但是只要人一靠近，全都一溜煙躲起來。

往八里市區方向騎到十三行博物館，大約需要三十分鐘至一小時，中途讓小朋友休息的地方不少，靠近八里渡船頭一側的單車出租店似乎比十三行博物館那一方更多，連新北市自行車租借站也在這。到達八里渡船頭，有沙灘可以玩，爬上老榕碉堡可以清楚看到雙心石滬，這天有幾位居民在石滬旁直接挖起蚵仔，識途老馬的阿嬤一邊介紹這裡的石頭蚵跟金門的一樣好吃！

如果往關渡大橋和台北方向騎，大橋下有「蛙咖啡」可以殺時間，這裡是著名的單車休息站，不少環島背包客都在此留下了足跡。

好美好美的淡水夕照！

迷你森林遊樂區．米倉國小 @八里

米倉國小是「商業周刊」評選的百大特色小學之一，也是八里左岸的親子遊隱藏景點，除了可以讓小朋友在國小操場和遊樂設施中跑跳賞景，還有一家只在週六日營業的小米蟲咖啡，搭建在校園入口旁，有樹屋、平台、階梯、觀景台、吊橋，全為木造建築，感覺上是個迷你森林遊樂區。座位區都設置在戶外，可以遠眺淡水河岸，徐風拂面相當舒服。如果小孩夠大不用顧，家長們就出運了，大可放空呆坐或者喝咖啡聊是非！這裡有冷熱飲料、吐司厚片、鬆餅及茶葉蛋，沒有低消，也不禁外食，只能說老闆佛心來著，只張貼告示提醒帶外食的客人，請自行帶走垃圾，避免影響校園環境。

私房話老實說

可以維持這樣好的環境不容易，建議大家來到這裡，點份餐點支持一下！

漁人碼頭夕照×情人橋夜景×情人塔 @淡水

只有兩塊長木板做底的吊橋，妹妹竟然也敢走！

情人塔位在福容大飯店一旁，遠看以為是大怒神，不免緊張了一下……車廂內有冷氣，腳底下有類似水晶車廂的強化玻璃，上升和下降都不會可怕，風景優美。如果來到此處，一定要搭配漁人碼頭情人橋的夕照夜景，慢慢走在木棧道上，與情人手牽手一起望向遠方，突然會有人生康莊大道就在前方的幻想，哈！至於允嘉哥的感想是，整條路都是男女在親熱，小男生長大了，會不好意思……

米倉國小——小米蟲咖啡
A 新北市八里區龍米路二段 129 巷 1 號
P 0910369483
T 週六日 11：00 ～ 18：00
壞天氣店休

賞櫻秘境．橘咖啡 @陽明山

位於陽明山上的橘咖啡，每年三月幾乎天天爆滿，而且為了維護用餐品質，三月花季期間實施入園總量管制，屆時整個園區將封園不隨意開放，只開門讓預約客人進入，下午茶則無法預約，只能現場候位。

室內雖然有偌大用餐空間，不過花季期間，大家全往靠近花兒的區域坐，最搶手的就是小木屋區，窗外望出去就是粉櫻漫漫，美不勝收！中餐是無菜單料理，亦即自家栽種的山菜家常料理，先預約才能備料；櫻花季下午茶則是任選飲品另搭配點心。這裡最棒的是，賞花區跟用餐區是分開的，用餐區外面走道，一整排都是花，用完餐可以散步賞花，想拍照留念的人，也不會因為有人用餐而感到不好意思，動線設計上十分貼心！

加碼爆料　東方寺

如果橘咖啡是賞櫻秘境，東方寺更是！這裡是佛家修行的地方，花期比橘咖啡再晚一點。

加碼爆料　蔡博士櫻花園

從東方寺往上行，碰到34弄右轉約五分鐘車程，就是著名的賞櫻秘境：蔡博士櫻花園。花期介於東方寺與橘咖啡（最早）之間，因為是私人住宅，一定要放低音量，也不宜逗留太久。

櫻花在清幽的佛門聖地裡，更顯清麗與靜謐。

屋主把這片櫻花園照顧的很好，謝謝他讓我們看到這麼美的櫻花美景！

櫻花有粉白與粉桃兩色，下方有油菜花與綠草，四色一起框入畫面，令人屏息與讚嘆的美！

在老榕樹蔭下野餐，徐風吹來時不會感到悶熱，小孩也比較有地方跑，但會有一點蚊蟲滋擾。

私房話老實說

亞尼克夢想村 1 號店以咖啡和美式派塔為主題，隔壁的夢想村 2 號店主打外帶古早味海綿蛋糕及生乳捲。很開心山仔后美軍宿舍群能夠保存下來，沒有被建商改建成豪宅別墅而走入歷史，更希望遊客能發揮公德心，不要讓這見證美軍駐台歷史的幽美老建築聚落，變成喧鬧雜亂的假日菜市場。

改造文化大學美軍宿舍群．亞尼克夢想村 @ 陽明山

每年上陽明山的次數多到像是去自家後花園，賞櫻季、竹子湖海芋季、繡球花季、楓紅季、泡溫泉、露營烤肉、爬山健行、甚至想吃個野菜餐廳約一約也是直衝陽明山！二〇一四年底又多了一個新景點「亞尼克夢想村1號店」，就在文化大學旁的山仔后美軍宿舍群，提供美式派塔專賣、悠閒野餐趣、五〇年代生活展示和藝術展演空間，因為營業至晚上八、九點，還可續攤到文化大學後山看夜景。

春秋時節可至後方院子的樹蔭下野餐，取餐時會附上餐墊和野餐籃，是不是很有美式家庭野餐的fu！坐在戶外曬太陽、吹自然風（記得做好防蚊措施），小朋友還可以在大黑板塗鴉，店家貼心準備三色粉筆，旁有水龍頭可洗手。美式老屋和庭院草坪會有讓人走進歷史時空的錯覺，這裡早已成為許多新人的隱藏版婚紗景點。

橘咖啡
A 台北市士林區平等里平菁街 93 巷 26 號
P (02)28616228
T 12：00 ～ 16：00 ／週一店休

東方寺
A 台北市永公路 245 巷 24 號
P (02)28616170
T 07：00 ～ 16：00

蔡博士櫻花園
A 台北市永公路 245 巷 34 弄 121 號

亞尼克夢想村 1 號店 Coffee years
A 台北市士林區長春街 4 巷 481 號
P (02)28625609
T 09：30 ～ 20：00

店內最熱銷也是最受好評的鄉村胡桃派，口感黏密香纏，堅果香氣足，相當耐吃！

來去住一晚

承億文旅——淡水吹風

出社會這麼多年，每次回到淡水都是來去匆匆一日遊或半日遊，這次難得有承億文旅的住宿體驗，可以在學生時代熟悉的淡水吹風過一夜！年輕時到淡水都在沙崙海水浴場和淺水灣看夕陽，太陽一下山就離去，現在改為在漁人碼頭和情人橋，天黑之後還有燈光夜景。

週五等允嘉哥下課後直衝淡水，迎接漁人碼頭的夕陽，然後走路即可抵達碼頭旁的承億文旅「淡水吹風」。原本以為在碼頭和海水浴場附近，夜晚可能稍嫌荒涼，但目前周邊都已是社區新市鎮，覓食店家和便利店不少，走路十分鐘即可到有名的黑殿飯店（原黑店排骨）享用排骨飯，吃完再加碼英專路尋覓當年常吃的小攤，人生總在旅行的路上，尋找回憶同時創造新的記憶印象。

承億文旅的公共走廊是強烈配色的西班牙風格，電梯樓層以投影顯示，有文創設計fu。因為部分空間外包給風格咖啡座，淡水吹風的Check in大廳比較迷你，但依然設計感十足，櫃台沙發區的魚型吊燈波光粼粼，象徵在淡水河口和紅樹林濕地貫遊的魚群。

雙人床夠大好睡，給四顆枕頭也有加分。

此回我們入住的左岸家庭房型，配有二小床一大床，利用細線門簾區隔出單人床、雙人床和衛浴，格局設計的不錯，四處可見淡水風景畫。大面積白色書桌，使用電腦極為方便，連妹妹坐上來一起畫畫也OK！隔日提供的早餐是簡單中西自助式，水果飲料、清粥小菜到西點麵包都有，一般飯店大多提供雞塊或薯餅，而這裡竟然是炸雞翅，允嘉啃得很過癮……餐畢後，相偕騎著飯店的免費單車前往漁人碼頭溜達，如果時間充足，甚至可以到淡水老街多多逗留，享受恣意流轉於街巷弄之間的悠哉，多麼美好自在的海岸時日，不久後必將再訪！

承億文旅——淡水吹風

W tamsui.hotelday.com.tw

A 新北市淡水區沙崙路 27 號

P (02)2805-1212

推薦房型 左岸家庭 **定價** 7500 元

（各房型之實際優惠房價，請洽詢各飯店官方網站或客服人員。）

桃園中壢

桐花雨落，尋味忘返

一起去賞景尋味，GO！

在大台北地區之外，如果計算一年之中，我們一家出遊頻率最高的區域，除了過雪隧前往蘭陽平原，應該就是桃園大溪和石門水庫周邊遛小孩兼覓食。從板橋上國道3號中和或土城交流道，半小時即達大溪市區，交通很方便。特別當進入客家桐花季，我們家每年賞桐必備的十一指古道就在大溪老街附近，大叔衝景團已經假探路之名，行吃喝玩樂一日遊之實，先在埔頂公園享受綠意涼風，接著到老街尋味，最後才去古道一探油桐花況。如果嫌大溪一日遊不過癮，繼續往下延伸還有大溪慈湖、花海農場、石門水庫環湖公路、角板山和拉拉山等熱門人氣景點，等著大家去踩線開發。

在地激推美食

雲南米干 @中壢忠貞市場

市場內無店名米干：忠貞市場是熱鬧的早市，從小7走進來沒多久，右邊有一間無店名米干，店前是水果攤，明明十一點還沒到，店內竟然已經坐滿滿。因為一碗一碗現點現煮，老闆娘指示可以先點餐再等位子，過程還算流暢，坐下沒多久，麵就煮好端上桌。雖說是小碗的，但份量很足！豬肝、肉片等加料都給的極為大方，火候控制的也很不錯，嫩度都在，更有我最愛的半熟蛋包，湯頭如同它的深顏色，口味偏重。

忠貞市場的米干口感都不太一樣，無店名的米干走滑溜帶Q路線。

大鬍子米干：大鬍子米干在假日往往是大排長龍，老闆一臉大鬍子，單賣米干，沒有其他小菜或主食，點餐時，客人必須自己拿裝好米干的碗公遞給老闆，表明要蛋花或荷包蛋以及需要的辣度，老闆娘添完熱湯、配料後，再淋上紅通通的辣油，香啊！大鬍子的湯頭是較輕淡的，米干口感不Q不爛，吃起來有純米無添加的感覺，類似好吃的米苔目。

蛋花口感極嫩，推！

一畝田酸菜白肉鍋 @內壢火車站

一畝田是內壢車站附近的美食小吃，菜單分成二張，一張酸菜白肉鍋專用，另一張是麵點炒菜，小菜和飲料都是自取。酸菜白肉鍋底含酸白菜、豆皮捲、南瓜、白肉、香菇、貢丸和冬瓜，湯頭酸度夠，貢丸和白肉都好吃，點鍋附有白肉，我們額外加點豬五花，一餐用畢只需三百元出頭，價格公道實惠。

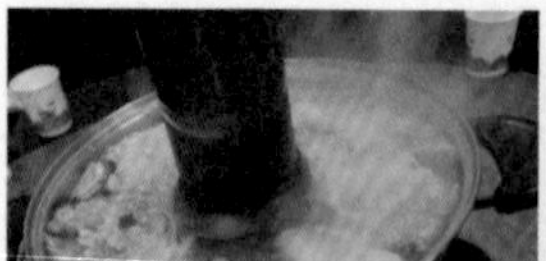

一畝田的酸白鍋是碳火鍋，幾乎每桌必點，甚至有兩個人就單吃一鍋。

賴家祖傳豆花 × 福麻糬豆花 @桃園大溪

賴家祖傳豆花位在仁和路和員林路口，每次來都有排隊人潮，其中不乏公司大量預訂外帶。豆花分成傳統豆花、青仁黑豆花和布丁豆花，鳥大叔覺得亮點是上層的糖水細冰和大塊Q圓，花生也煮得不錯，糖水偏甜，最討好小孩子的口味。

如果要在生意搶搶滾的賴記豆花隔壁開同性質的豆花店，不是口味特優，就是要有特色亮點，而福麻糬豆花的招牌就是特別的麻糬豆花，另附一球糖水冰砂（豆漿豆花不附），豆花口感介於麻糬和傳統豆花之間，軟中帶Q，記憶點十足！

攤頭正前方是必點的大 Size 芋圓和涼圓。

無店名米干
A 桃園市中壢區前龍路 38 號
P (03)4658818
T 06：00 ～ 13：00 ／週一店休

大鬍子米干
A 桃園市中壢區龍平路 173 號
P (03)4384319
T 05：30 ～ 11：00

一畝田
A 桃園市中壢區忠孝路 186 號
P (03)4629781
T 11：00 ～ 14:00、16：30 ～ 20：30

賴家祖傳豆花
A 桃園市大溪區仁和路一段 59 號（員林路、仁和路交叉口）
P (03)3909840
T 10：00 ～ 21：00

福麻糬豆花
A 桃園市大溪區仁和路一段 103 號
P (03)3892827
T 12：00 ～ 21：00 ／週四店休

用餐區裝潢像小學生教室，有黑板和客桌椅，牆上掛了學生制服供客人搞笑變裝。

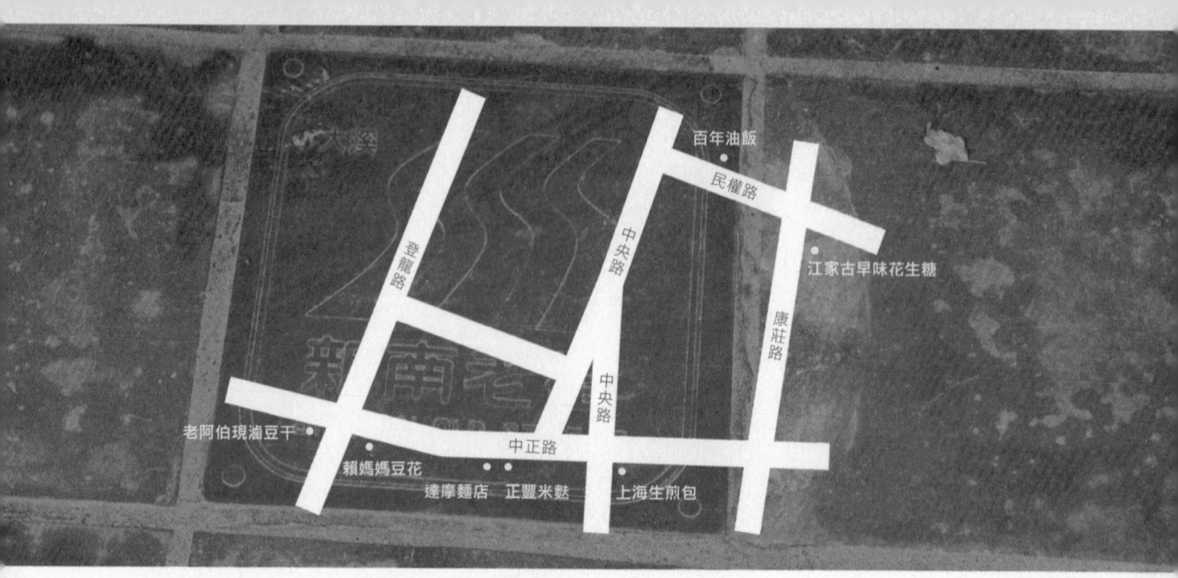

大溪老街美食

老阿伯現滷豆干：我們家在大溪老街覓食頻率最高的店家之一，從中正公園門口的小攤搬到現在的店面，人潮還是跟著跑，生意愈做愈大。

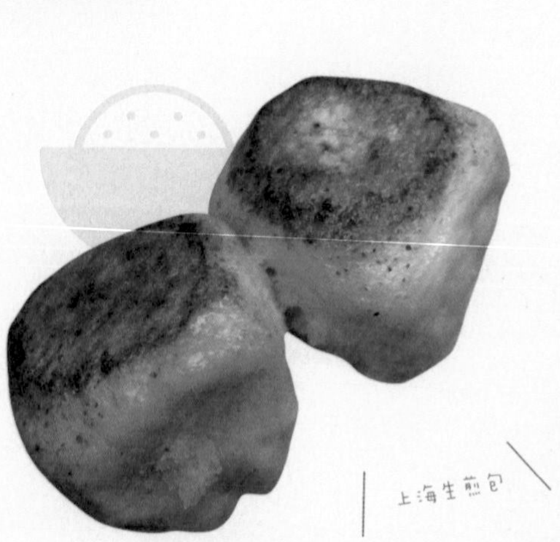

上海生煎包：店內除了水煎包也有豆漿，不少人來排隊吃早餐，水煎包是肉餡，非常合我們家的口味。

百年油飯和金字塔三角湯圓：假日人擠人的超級名店。

達摩麵店：老闆的長相確實有點像達摩，切仔麵很有古早味，黃金蛋和鵝肉都不錯，我們大約十二點半抵達，鵝肉已經早早完售，只剩下翅膀可以切，生意會不會太好?!

正豐米麩：位在達摩麵店隔壁，除了寶寶的營養早餐——米麩，還有古早味爆米香。

賴媽媽豆花：招牌豆花什麼料都來一點，口味實在，而隱藏在多目標體育館內的店址，最是特別。

江家古早味花生糖：假日才營業，排隊隊伍長到要拐彎。老闆邊做麥芽糖邊和客人哈啦，同時提供邊邊角角的NG麥芽糖給遊客試吃，而每人限購盒數隨排隊長度而增減。這天花生糖到手的時間約需四十分鐘，麥芽糖一層一層包裹著花生糖，口感香軟，絕對值回票價。

老阿伯現滷豆干
A 桃園市大溪區中正路 37 號
P (03)3883422
T 08：00 ～ 19：30

上海生煎包
A 桃園市大溪區中正路 18 號
P (03)3887994
T 06：30 ～ 11：00

百年油飯
A 桃園市大溪區民權路 17 號
P (03)3881681
T 09：00 ～ 19：00 ／週日店休

達摩麵店
A 桃園市大溪區中正路 34 號
P (03)3884654
T 06：00 ～ 14：00 ／週一店休

正豐米麩
A 桃園市大溪區中正路 30 號
P (03)3880942
T 09：00 ～ 19：00

賴媽媽豆花
A 桃園市大溪區登龍路 12 號
P (03)3889646
T 09：00 ～ 18：00 ／週三店休

江家古早味花生糖
A 桃園市大溪區康莊路 39 號 1 樓
P 0912877888
T 09：00 ～ 18：00（週六日）

食

天空步道末端就在小烏來瀑布正上方，由桃園市政府耗資新台幣八百萬元打造，為了讓遊客有漫步在瀑布頂端的感受，底部採用強化透明玻璃，凌空伸出十一公尺的廊道。

天空步道 × 天空繩橋@小烏來風景區

小烏來風景區的票價五十元，以前可以進天空步道，現在又多了天空繩橋，依舊一票玩到底，如果只在風景區的步道走走晃晃，無價。

天空步道剛開幕時，曾是夢幻景點票選第一名，每天擠滿遊客，我們也早早來湊過熱鬧。而原本如立蛋般矗立在天空步道旁的風動石，受到颱風災害而傾倒，少了奇岩景觀，桃園市政府規劃了天空步道2.0版——天空繩橋來吸客！全長七十公尺、高五十公尺，結構工法和一般吊橋不太一樣，由橋下的二條鋼索支撐，所以橋面較窄，情人們走起來也會更刺激，屬於搖搖擺擺的浪漫路線。天空步道可以親近小烏來瀑布，而跨越大利敢溪兩岸的天空繩橋，最大特色是可以看到隱藏版的神秘瀑布，還能連接和平吊橋與龍鳳瀑布，加上小烏來瀑和神秘瀑布三大瀑布繞行一圈，大約二十分鐘遊程，如果體力充沛，也可以挑戰森林步道和水圳古道。

大溪埔頂公園 @桃園

位於桃園大溪埔頂重劃區內的萬坪綠地公園，從大溪交流道溜下來，五分鐘車程內抵達，走進公園是大片草皮，走在樹蔭下伴隨涼風吹來，艷陽日也不會覺得悶熱。這裡的大片綠地，保持的很乾淨，但人潮不像大安森林公園那般擁擠，夏天不想待在家裡吹冷氣耗電，出來公園散散步，躺在樹蔭下吹涼風，省錢環保又健康。

虎頭山公園貓頭鷹樹屋 @桃園

虎頭山公園分成烤肉區和野餐區，據說是桃園市唯一能合法烤肉的公園，但是需要申請使用。這裡不僅有童話故事樹屋群，各種兒童遊樂設施更是一個不少，且大部分有老樹遮蔭，不用特意避開大太陽也可以帶小孩來玩耍，超長溜滑梯一路直通通，讓愛冒險的小朋友愛不釋手！

貓頭鷹造型的咕咕鐘，用意是讓小朋友利用裡面的孔洞觀察生態。剛好在櫻花季來訪的話，虎頭山公園櫻花步道也有枝頭粉櫻可賞。若從公園順著成功路往上去，可以前往忠烈祠，是日本人建築的桃園神社，鳥居、手水舍、銅馬、社務所和其他保留完整的日式木造建築，吸引不少遊客和婚紗業者前來取景。

小烏來風景區
A 桃園市復興區小烏來瀑布風景區
P (03)3821235

大溪埔頂公園
A 桃園市大溪區仁善街
（埔仁路／公園路交叉口）

虎頭山公園貓頭鷹樹屋
國道一號下南崁交流道往桃園市春日路方向，經大有路、桃園榮民醫院，依指標左轉綠園道前行即至。

虎頭山公園內棲息著台灣體型最嬌小的貓頭鷹（OWL）「鵂鶹」，新建森林樹屋也以奧爾（OWL）森林學堂命名。

私房話老實說

虎頭山公園的佔地寬闊，遊樂設施多，小朋友很多地方跑，從盪鞦韆旁邊的櫻花大道往下走是桃園孔廟，有幾個停車位，假日要從桃園榮總旁往虎頭山停車場，然後走涵洞到貓頭鷹樹屋。

秋賞九月雪春看麥浪 @平鎮一日遊

這天的平鎮一日遊，我們從忠貞市場出發，看了國旗屋和新完工的雲南文化公園，再到官路缺鴨肉麵對面的忠貞老店吃米干米線，最後以東勢建安宮和周邊單車道探訪當Ending。

九月雪——韭菜花田

每年九月是韭菜花開正美的季節，可以把大溪中新里自行車道韭菜花田當起點，一路順遊到平鎮忠貞新村吃米干看國旗飄揚，享用道地雲南料理。大溪中新里韭菜花田約在鶯歌和大溪交界，距離大溪老街或鶯歌老街都在十五分鐘車程左右。

忠貞市場周邊的知名米干多到數不清，好吃到吸引我們多次來訪，之前吃過的有國旗屋九旺米干、陳家米干、宏珍米干、大鬍子米干、阿美米干和無店名米干等等……每家都各具特色也各有支持者。再度造訪忠貞市場，發現拆除的地方變多了，不少空地開始建設，眷村正處於新舊交替的融合階段，有新的公共設施和公園綠地，也保留了部分的文化景觀。

忠貞市場國旗屋應該是全台灣國旗密度最高的景點，十月國慶日前國旗數量會達到高峰。

東勢建安宮

一般在台灣的開漳聖王廟宇幾乎都是由閩南人供奉，只有東勢庄建安宮由客家人供奉，建安宮周邊的田園綠地很適合騎單車，對面有個廣場和小公園，公園樹蔭有單車騎士躺著納涼，感覺上正在等著車友會合下盤象棋，好不悠哉！

國旗屋．九旺米干
A 桃園市中壢區前龍街 73 巷 19-1 號（中正市場口）
P (03)4666879
T 05：00 ～ 15：00 ／週二店休

東勢建安宮
A 桃園市平鎮區建安里平東路一段 98 之 1 號

三月限定——黃金麥浪

每年三月在台中大雅、新竹竹北和桃園平鎮都有季節限定的黃金小麥田，平鎮麥田旁的公車站名是「南東路」，從平鎮市公所的公車路線看來，中壢火車站和埔心火車站都會到。雖然小麥田都有標語提醒，但每年都還是會傳出遊客進入踩踏，這裡要再提醒大家保持公德心，不要踐踏麥田取景！

桃園平鎮小麥田
（在平鎮農會穀倉的後方）
A GPS 設定平鎮大潤發或桃園市平鎮區南東路 376 號（7-11 關爺店）

桃園平鎮小麥田在平鎮農會穀倉的後方，GPS 可設定平鎮大潤發或桃園市平鎮區南東路 376 號（7-11 關爺店），麥田就在馬路邊，面積比想像中來得大。

所有港點皆為師傅現場製作，醬料採自助式。

義美觀光工廠 @桃園南崁

桃園這一帶工廠多，近年發展的觀光工廠也不少，其中義美的觀光工廠設在南崁，主要分三大園區，生活園區和生態園區可自由進入，僅生產廠區需預約才能入內，位於生活園區一樓的見學餐廳，車子可以直接開到裡頭的停車場，無須收費。一樓用餐區分兩邊，一側是入口左邊開放式的木製桌椅，皆為四人方桌，另一側是包廂式轉盤大圓桌，適合多人聚餐。這裡菜色選擇多，以港式小點最具人氣，主食類如牛肉麵、蝦仁蛋炒飯也是招牌，其他桌菜類的時蔬、海鮮、豆腐也都有一定水準。餐廳外是兒童遊戲區，還有一些古早童玩可以體驗，吃完剛好讓小孩活動消化一下。離開前別忘了到靠近門口的商品販賣部採買，價位比外面門市便宜一點，還有現烘熱麵包房，除了現做現烤麵包、還有一些滷味與NG商品可購買伴手。

義美南崁見學館
A 桃園市蘆竹區南工路一段 11 號
P (03)322-2709
T 08：00 ~ 20：30

沙坑供小朋友玩樂，家長們可以就近坐在一旁，邊聊天邊看顧。

生態園區不大，小小一圈，但池水清澈、綠蔭成群，讓人不自覺放慢腳步。

兩個小朋友邊看飛機邊吃早餐，貴賓廳客人較少，還有服務生哥哥到桌邊表演魔術，允嘉哥看得可出神。

桃園機場飯店 @ 華航諾富特 NOVOTEL

華航諾富特 NOVOTEL 桃園機場旅館一泊二食套裝行程，對兩個小朋友而言，是個很特別的體驗，尤其我家妹妹愛看飛機出了名（以前大多就近帶她到松山機場或圓山公園），出發前就處於極度期待和興奮的狀態。

諾富特就在華航園區旁，還沒進二航廈之前就要左轉，有專屬地下停車場，大廳明亮寬敞，往返機場有免費接駁車，從高鐵站過來，官網建議搭統聯 705 至飯店下車。選房的時候，記得挑選面向飛機跑道的景觀標準雙人房，雖然諾富特以外國商務客人居多，對家庭客也很友善，雙人房提供兩位十六歲以下兒童免費加床住宿。

浴室的魔術玻璃淋浴間兼顧隱私和照顧小孩的方便性，這功能被小朋友發現的話，鐵定會玩不停，真的很像變魔術玩捉迷藏。

諾富特景觀房遠遠看去是竹圍漁港的彩虹橋，左右二側都可看到飛機起飛降落，因為地理位置關係，飛機降落比較遠，而起飛距離比較近，看得比較清楚。我們很 Lucky 被升等到九樓行政客／套房，兩個小孩進房一看到超大熊貓和窗外的飛機就瘋了般興奮。我們這天住兩個房間，空間坪數一樣大，一間有浴缸，一間只有淋浴，配淋浴的房型的床較小，而有浴缸的房型床較大，浴室提供歐盟有機認證（Eco Cent）的盥洗備品。九樓行政客／套房除了 View 較好，另外提供有 Nespresso（咖啡膠囊）義式濃縮咖啡機的 Mini Bar，因為外國遊客佔七成以上，所以有貼心的開夜床服務，晚上六到八點會幫客人整理房間，拉床拉被、補充備品和水果。二樓設施有 Gym 健身中心和 Pool Area 水區（溫水游泳池、兒童戲水池、水療池以及蒸氣室），水區開放時間為 06:30 ~ 22:30。因應機場旅客的時差問題，諾富特的健身中心二十四小時全日開放，睡不著就去動滋動滋吧！

隔天一大早五點多，窗外透進金黃色晨光，拉開窗廉是難得一見的桃園機場日出，飛機已經開始忙碌起降！難得能升級九樓的行政客房，早餐就在景觀貴賓室享用，相較於一樓品坊西餐廳的自助早餐，後者內容較豐富，提供中西式餐點，但客人也相對較多；而九樓 Premier Lounge 雖只有西式餐點，但是景觀優，客人少，用餐氣氛較佳。

諾富特的服務素質很好，除了不錯的旅館硬體和餐飲之外，可以在房間內看飛機起降、鄰近桃園高鐵、竹圍漁港、台茂和桃園眾多觀光工廠，都是吸引人的優勢！

台北諾富特華航桃園機場飯店
W www.novoteltaipeiairport.com
A 桃園縣大園鄉航站南路 1-1 號
P (02)3980888
推薦房型 行政客／套房 定價 7150 元
（各房型之實際優惠房價，請洽詢各飯店官方網站或客服人員。）

私房話老實說

9 樓行政客／套房專屬的 Premier Lounge（精英會）是偶像劇《我可能不會愛你》的拍攝景點，晚上六到八點有提供酒精性飲料的 Happy Hours，飲料水果餅乾、開胃菜小點和 DIY 調酒樂。只是 Happy Hours 與晚餐時段重疊，如果時段可以再晚一點，用完晚餐安頓好小朋友，再來喝點小酒，就太完美啦！

南方莊園渡假飯店

一般在大台北近郊泡溫泉，大多想到陽明山北投、金山萬里、烏來或是宜蘭礁溪，而位於桃園中壢的南方莊園是有拿到溫泉標章的碳酸溫泉，距離中壢／新屋交流道很近，從交流道溜下來就忽然達陣，完全不用開山路就有溫泉和綠地，省時省力。

話說要花錢住在這麼近的飯店，除了有溫泉可泡，飯店設施和餐飲也要夠吸引人才行。南方莊園的建築以南歐現代風格為主軸，顏色鮮明，各個角落隱藏不少裝置藝術，特別是飯店入口挑高的空間且設計感十足。飯店後方的生態綠地區，這裡的草皮就是大，前段寬闊平坦，後段略有高低起伏，早上或傍晚陽光不大的時候，小朋友很好跑。

我們入住的四人房型，空間極為寬敞，燈光亮度適中，沒有無線網路。前段是淋浴間、廁所、Mini Bar；中間二大床、液晶電視和大書桌；落地窗邊是獨立溫泉池。南方莊園的床很好睡，一張加大一張正常 Size，允嘉二兄妹已經來住第二次，進房就各據一方，熟得很！南方莊園的溫泉是碳酸氫納泉，PH 值弱鹼性，有美人湯之稱，泡起來蠻舒服的，甚至有點咕溜咕溜的感覺。

全家來南方莊園渡假，除了窩在房間泡溫泉之外，最重要的就是會員健樂部設施，二樓有溫泉桑拿中心，而溫泉水療中心也很受好評，有室內溫泉游泳池、水療池、兒童室內戶外戲水池（五項大型戲水設施，包括水中溜滑梯）和戶外湯池。建議大家隔天可以早點起床，帶小朋友來溫泉游泳池泡泡水、玩玩水上設施，再去享用早餐。

南方莊園每隔一段時間會推出不同類型的主題性住房活動，像二〇一四年的夏日親子逍遙遊專案，還多了嘟嘟火車大型氣墊、夏日手作 DIY、自製棉花糖和童趣玩沙池等活動和設施，是一個懂得不斷推陳出新且擁有高度活動企劃力的住宿旅店，值得持續關注。

高樓層的 View，下方是生態綠地的草皮區，有新人正在婚禮彩排，遠遠可見飛機起降，不遠處是台灣高鐵。

南方莊園渡假會館

W www.southgarden.com.tw

A 桃園市中壢區樹籽路 8 號

P (03)4202122

推薦房型 景隅家庭房 定價 20800 元

（各房型之實際優惠房價，請洽詢各飯店官方網站或客服人員。）

私房話老實說

連續兩年來南方莊園，早餐品質持續進步，住房 CP 值也不斷上升中。

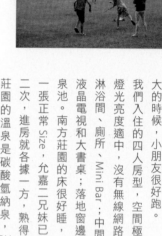

新竹苗栗

客家庄的熱情呼喊

賞桐追螢一次報給你

閒暇無事，總偶爾會有出門遠行的衝動，剛剛好的距離，可以在週休二日即可完成小旅行的感受。臨時選擇衝新竹，一般會造訪鴨肉許或石家魚丸，而來到清華大學，也會外帶立晉豆花回味一下。除了數不盡的美食，新竹苗栗更是賞桐追螢的大本營，每年桐花季最喜歡鑽進山林小徑尋找不為人知的秘境，只有秘境才有滿地花毯美景可期。此外，新竹還有九降風的威力、新埔粄條和客家桔醬的美味等著你，一起來瞧瞧藍天白雲下的金黃柿海，一口柿餅、一口滿心歡愉的氣味！

在地激推美食

168新加坡美食 @新竹市

本店讓烏氏父子極為稱讚，知名美食節目也曾推薦，生意搶搶滾，韓式海鮮咖哩蛋包飯超合味，允嘉說此款蛋包飯絕讚，下次還要再來吃！此外，朋友推薦的招牌是海南雞飯，咖哩雞搭配特製辣椒醬也很好吃，包準一試成主顧。

大叔愛店．鴨肉許 @新竹市

烏大叔來新竹最常吃鴨肉許，小叔在交大唸研究所那二年，當時兄弟兩個窮學生只能點兩碗湯麵與一盤炒鴨血，出社會後，總算能叫上一桌來好好慰勞自己。鴨肉許每道快炒的醬汁都很獨特下飯，像是炒下水，連配角韭菜都因沾上鮮甜醬汁而變得加倍美味。識途老馬的烏大叔還自創了**獨門暴力吃法**

吃法1：將鴨肉許特製辣椒粉狂加，加到湯頭變火紅為止。

吃法2：將湯麵的麵條撈至小碗，加入辣椒粉乾拌。

炒鴨血酸甜軟嫩，大叔的最愛～

烏大叔獨門暴力吃法

鴨油湯頭濃醇香，湯頭色澤與油度可與日本拉麵匹敵，女性同胞可能會覺得有點小油。

石家魚丸 @新竹市

石家魚丸店面位於巷內，大叔跟小叔都愛滷肉飯，兩兄弟至今仍愛，吃飽喝足可以到隔壁外帶現做魚丸，現場十餘人一起手製魚丸，外帶的魚丸都是熱騰騰，皮不厚卻包了滿滿肉餡，因為加了荸薺，所以口感層次豐富，如果外帶回家，特別注意不要久煮，才能維持其口感。

骨肉魚丸湯，湯頭濃郁，喝起來很過癮，單點魚丸湯，湯頭較為清爽。

立晉豆花 @清大

立晉豆花最有名的是表層的冰砂糖水，口感像綿綿冰或泡泡冰，甚至讓豆花成了配角。趁鮮品嘗綿綿冰與豆花的完美組合，因為放久了綿綿冰溶成糖水，不但粉圓硬掉、豆花散掉，導致口感盡失，所以食用時千萬請把握時間！

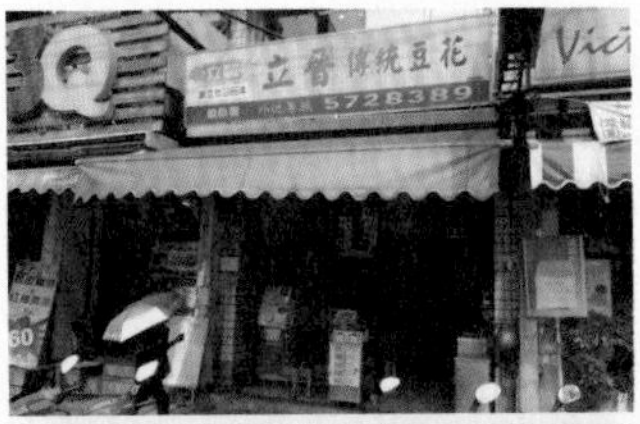

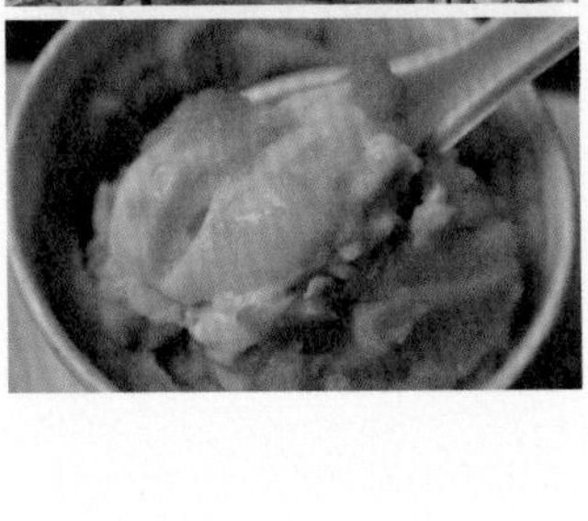

168 新加坡美食
A 新竹市東區花園街 16 號
P 0972164966
T 11：00 ～ 13：00、16：30 ～ 21：00
週一店休

鴨肉許（總店）
A 新竹市北區中正路 212 號
P (03)5253290
T 11：00 ～ 02：00

石家魚丸
A 新竹市興學街 27、29 號
P (03)5242965
T 8：00 ～ 18：30 ／週一店休

立晉傳統豆花
A 新竹市東區建功一路 6 號
P (03)5718789
T 11：30 ～ 24：00

無店名粄條

光頭粄條×無店名粄條 @新埔粄條

新竹客運新埔站對面的光頭粄條，沒有店名，只掛了「粄條炒大腸」的紅色招牌，攤頭前方在煮粄條、炒大腸，後面竟然可以打鑰匙，還聽說老闆有在開計程車，真是多才多藝，努力賺錢養家！

這裡的肉絲湯粄條、肉絲乾麵都好吃，湯頭清爽不油耐喝，油蔥醬汁好夠味，自製蒜酥有畫龍點睛的效果，而且兩碗都份量十足！

無店名粄條位於中正路和廣和路的交叉口（消防局對面），跟著人潮吃就對啦！他家的粄條份量十足，小鳥胃的女性同胞一碗就完全打死，記得帶壯漢來幫忙。現場客人幾乎都點湯粄條，粄條入口滑順，湯頭清爽又帶著油蔥香，大推！

光頭粄條

光頭粄條

無名什錦麵×傳統鵝肉飯 @竹南

位於延平路和建國路口的鐵皮屋麵攤，無店名也無菜單，客人清一色點什錦麵或什錦米粉（老闆用台語叫雜菜炊粉），鳥大叔和小姑合點了一碗什錦麵，給料豐富、份量也極有誠意（幾乎比麵量還多），肝連、瘦肉、豬腸、豬肚、豬肝、魷魚和為數不少的蛤仔，足以飽餐一頓。

傳統鵝肉位於延平路上的 7-11 對面（什錦麵一旁），年輕的老闆夫妻待客和氣，讓鳥大叔和小姑留下深刻印象。小叔來店必點鵝肉飯，飯量十足，鵝肉份量不少，淋在飯上的鵝油香氣很足，CP 值極高。

湯頭由肉燥、酸菜和蛤仔組成，喝來像肉燥麵、酸菜豬腸麵和海鮮煮麵的綜合體，鳥大叔大推！

無名什錦麵

傳統鵝肉飯

雲也居一田媽媽餐廳 @苗栗大湖

雲也居一位於海拔七百公尺的苗栗大湖鄉薑麻園觀光園區，秋冬季節常見雲霧雲海裊繞，除了田媽媽餐廳之外，也經營民宿和自家農產加工販售。鳥大叔覺得這裡開闊的山景，讓人有種置身貓空清泉地區茶莊，悠哉悠哉吃茶餐的 fu，只是少了貓空纜車和台北 101 當背景，茶餐也變成薑料理大餐。

當天的菜色不錯，鮮果三拼、客家豆腐、竹雞足跡、起飛雲朵、蜜番茄等等，薑汁撞奶是薑料理大餐的招牌 Ending，香濃好喝！

私房話老實說

雲也居一餐廳不但有幽美的視野，主人一家的親切服務也讓人印象深刻，餐點有特色又好吃，立馬被鳥大叔收進苗栗大湖的首選口袋名單，有機會也想來住這裡的民宿，很值得一趟路專程上山！

光頭粄條
A 新竹縣新埔鎮中正路 322 號
T 06：30 ～ 14：00、16：00 ～ 20：00

無店名粄條
A 新竹縣新埔鎮廣和路 3 號
T 04：00 ～ 13：10 ／週五店休

無名雜菜麵
A 延平路和建國路交叉口
T 6：00 ～ 12：00

傳統鵝肉
A 延平路上的 7-11 對面（無名雜菜麵附近）

苗栗大湖．雲也居一．田媽媽餐廳民宿
A 苗栗縣大湖鄉栗林村薑麻園 9 鄰 6 號
P （037)951530
T 10：00 ～ 20：00 ／週四店休

醬樣卡好玩

飛上飛下的螢火蟲

新竹苗栗 賞桐追螢 景點懶人包

新竹的螢火蟲景點不少，峨嵋十二寮螢光巷、獅頭山六　古道、芎林燒炭窩、橫山大山背騎龍古道（前豐鄉國小）、內灣國小東窩溪（內灣火車站後方）、北埔冷泉及再往上行的五指山區一帶都曾看到攝友分享拍攝景點，這其中以之前造訪的內灣賞螢點最適合親子同遊，連續二年來訪的北埔冷泉也算是大眾賞螢景點。

新竹內灣（內灣線鐵道即可達／老少皆宜）：很適合帶小孩來，搭火車即可達陣，路況相對好走，螢火蟲也不少，幾乎一路上都可見到牠們的身影，我們天黑前到算來得早，算是賺到安靜悠閒的極佳賞螢環境，七點半離開的時候，人潮便就陸續湧現了。

新竹關西羅馬公路賞桐：從新竹關西鎮馬武督到桃園復興鄉羅浮，沿途風光秀麗，兩旁樹種繁多，好幾段是竹林，搖下車窗聽著風吹竹動的聲音，很舒服。前半段一片山巒綠意，後半段則可俯視湖光山色，加上人車稀少，難怪被列為單車界的經典路線之一。

新竹仁和步道賞桐花：從湖口老街後方穿過高速公路涵洞後左轉，就來到仁和步道入口，湖口老街停車場步行至仁和步道入口時間超過二十分鐘，沿途經過幾個大墳，有忌諱者不建議步行前往。

新竹北埔冷泉：二〇一五年很有秩序的拉了警戒線，避免大家誤踏草皮，影響螢火蟲生態，往年是七點至七點半時達到盛況，然後逐漸減少，而今年直到八點，螢火蟲數量都還不少。或許是草皮棲地管制起了效果，少了遊客叨擾，螢火蟲可以在棲地更加自由繁衍飛翔。其中北埔老街在往北埔冷泉的必經之路，從北埔老街山路上行至北埔冷泉的時間在二十分鐘內，很適合當成賞螢的午茶和晚餐中繼站。

北埔冷泉

W www.beipu.org.tw/104.htm

地圖 www.beipu.org.tw/610.htm

私房話老實說

一般螢火蟲最活躍的時間在晚上六點半至八點之間，螢光派對會從六點半開始逐漸點亮，七點至七點半時達到盛況，然後開始減少。

新竹獅山遊客中心・峨嵋歇心茶樓・藤坪步道：歇心茶樓位於獅山遊客中心旁，茶樓本身依著油桐樹而建，坐擁天然美景。旁邊有通往六寮步道和藤坪步道的小徑，遊客中心服務人員建議走藤坪步道賞桐。

苗栗頭份永和山水庫：水庫周邊的花況不一，往小徑鑽比較有看頭，也多了點探險的樂趣，順著山路小徑，沿途不斷出現油桐花毯。

神桌山賞桐步道：和南庄老街隔一條橋的神桌山賞桐步道，遊客極少，列為賞桐秘境！

苗栗桐花樂活主題公園＆客家大院：近年很夯的賞桐點，公園內最大片的四月雪地毯就隱藏在客家大院正後方，建議直接先來這兒賞雪，再開始慢慢逛，找個地方野餐。

HOT

苗栗銅鑼九華山桐花天空步道 平日遊客人數尚可，路邊還算好停車，但有一段路無法會車，假日來賞花的朋友，建議提有出發。從步道頭走到第一個天空步道約需二十至三十分鐘，最先見到的景觀橋是銅鑼九湖自行車道，號稱全台最美、最高的自行車道。

沿路賞桐景點屬第二個古意吊橋處最美！兩旁盡是高聳油桐花，遠處看去整片都是。吊橋左右兩側的風景完全不同，左邊視野比較開闊與深遠，可看到滿山雪白油桐！右邊雖然無法看的那麼遠，但是更加吸睛，而且距離更近！

苗栗三義勝興車站．銅鑼雙峰山賞桐：在舊山線遊程圖上發現的勝興車站旁飛雪小路，不適合小童行走，有別於往南一點的三義賞桐景點的假日爆滿觀光客，銅鑼雙峰山的賞桐人潮有較少，停車也方便，不過後來蓋了桐花樂活主題公園，設置 LED 和投射燈讓遊客賞夜桐，也變成了熱門景點。

苗栗桐花樂活舒園——客家大院
A 苗栗縣銅鑼鄉銅鑼村龍泉 15 號
P (037)985783
T 08：30 ～ 18：00

私房話老實說

賞螢禮儀宣導：賞螢期請遵守交通管制規範、汽車機車勿進入賞螢區，勿踏入棲地、隨手帶走垃圾、不捕捉不喧嘩降低干擾、手電筒用紅色玻璃紙包住（非必要勿使用）、不用燈光設備照射棲地（閃光燈、對焦燈請關閉）。

金黃柿 @味衛佳

如果要到新埔看金黃柿海，首選一定是味衛佳觀光果園，因為裡面有親切的柿餅婆姐妹！現在GPS景點都有內建味衛佳觀，跟著指示就會到，距離新埔市區近，沒啥山路不怕暈車，而且還有多家好吃客家粄條任君選。從停車場走個小坡轉彎上來就是曬柿場，柿餅多，專程來拍柿餅的攝影團體也多，假日人擠人大爆滿！

拍完照可以在樹蔭下或二樓棚架納涼，吃個柿餅或柿餅冰棒也不錯，有風的時候不會覺得熱。一口氣吃了三種柿餅，還加碼柿乾，柿餅口感較軟嫩，柿乾直接吃紮實又耐吃，也可泡茶或加入雞湯燉煮，其中我最喜歡筆柿乾的口感與甜度。此外，這裡有柿染DIY，與社區媽媽合作，可挑自己喜歡的款式做柿染，當錢包或鉛筆盒都適合。

好天氣才能拍到曬柿餅的壯觀景象

新竹市立動物園 × 玻璃工藝館 × 河津櫻 @苗栗

動物園位於新竹公園內體育館旁，創設於日據時期昭和十一年（西元一九三六年），為台灣歷史最悠久的動物園。我們家小孩如果想看動物，一定選擇前來此處，不用買門票，入園直接投幣，門口可換零錢，既可滿足孩子看動物的喜好，又不會走的太累，大人小孩都歡喜。

順遊1：動物園旁的新竹玻璃工藝博物館，烏大叔說有不少人會來這裡和一旁的空軍十一村外拍。

順遊2：走春景點河津櫻：新竹公園每年河津櫻花期約莫落在二月初至中旬，附近的玻璃工藝館、麗池湖畔和市立動物園通通有櫻花可賞，可以就近市區賞櫻，順便逛逛動物園，繞去新竹城隍廟口吃好料。

鹿的樂園，梅花鹿在身邊晃來晃去！

從東大陸橋直直撞進去，右前方就是成排河津櫻，繼續往動物園方向走也有一排河津櫻，動物園裡也有櫻花開。

味衛佳觀光果園
A 新竹縣新埔鎮旱坑里 11 鄰旱坑路一段 283 巷 53 號
P (03)5892352
T 09：00 ～ 18：00

來去住一晚

直接入住動物園 @關西六福莊生態渡假旅館

之前看到朋友入住關西六福莊生態渡假旅館的遊記，房間落地窗外就有長頸鹿和班馬跑來跑去，讓允嘉眼睛直發亮，烏大叔差點熊熊就給它訂房下去！當時因促銷專案搶不到房間，拖著拖著也兩、三年過去。想不到這個口袋名單，突然在野馬妹長大、允嘉國小最後一年暑假，瘋狂趴趴走的Moment，順利實現父子倆多年的心願。當天Check in時兄妹倆果然哇哇叫不停，小朋友就是愛看動物！第二天Check out在車上時，允嘉還一直不斷說這裡好好玩！完全意猶未盡……

六福莊和六福村是鄰居，只要表明為住宿客人，即可免去一百元停車費。飯店服務人員態度非常親切，Check in時會發給一張私房休閒活動時程表，分成館內私房活動、私房景點和非洲主題表演，這裡有難得可以親近動物的活動，如草原歷險／羊駝互動體驗／環尾狐猴互動體驗／勇闖猛獸島等等，可以近距離與動物互動，因為有人數時間限制和費用，建議提早預約安排。飯店接待大廳一出來就是小朋友最愛的動物生態景觀區，沿著空中走道可以到達左右兩邊的客房，六福莊分成四種房型：肯亞、剛果、黃金和鑽石房型，黃金和鑽石房型是坪數大的頂級房型，肯亞是二樓樓中樓有陽台房型，而剛果是一樓無陽台房型（隔著玻璃近距離看動物），肯亞和剛果還有藍天和綠地之分，綠地是面向有生態景觀區看到得長頸鹿的房型，價格稍高，建議訂房時事先詢問，房間位置不同，視野也有差。房價由低到高是剛果藍天↓剛果綠地↓肯亞藍天↓肯亞綠地↓黃金套房↓鑽石套房，我們入住肯亞綠地房型，視野極優，長頸鹿和斑馬會在陽台下面散步，環尾狐猴不時還會跳到住房區的陽台欄

私房話老實說

關西六福莊生態渡假旅館真的就直接住在動物園裡，房價大約萬元上下，無陽台房間看不見長頸鹿的「剛果藍天」最便宜，而有陽台房間就看得長頸鹿斑馬的「肯亞綠地」最高價，真想在房間直接探頭看動物，這費用絕對值回票價。

關西六福莊生態渡假旅館
W www.leofooresort.com.tw
A 新竹縣關西鎮仁安里拱子溝 60 號
P (02)7701-7765
推薦房型 肯亞綠地客房 15500 元
（各房型之實際優惠房價，請洽詢各飯店官方網站或客服人員。）

杆上……

衛浴在房間入口左右，兩間廁所和兩個淋浴間（無浴缸），上廁所和洗澡都不用搶。兄妹倆只要進房間，屁股都黏在落地窗旁的茶几看長頸鹿、吃點心。住房區前的動物生態景觀區現共有七種動物（長頸鹿、白犀牛、四角羊、環尾狐猴、斑馬、紅鶴、蘇卡達陸龜），白天只要陽光一出來，就能看到牠們的身影，一天餵食兩次，上下午各一次，餵食口設計在離遊客很近的地方，方便大家近距離觀賞。

這兩天參與的室內外所有活動中，野馬妹最愛在房間看長頸鹿和草原歷險，而允嘉最愛勇闖猛獸島，參加者必須提前半小時去獅子王遊戲間報到，年滿十歲才能參加，遇到下雨則取消，一次最多十二人，四人即可成行！

整體來說、入住六福莊試一次非常難得的珍貴經驗，既能擁有動物野趣的視野，也能親子共享大地遊戲，達到寓教於樂的滿足感。

肯亞綠地是 4 ～ 6 人樓中樓房型，枕頭無敵大！睡起來非常軟，很舒服！

坐籠車裡，大人可能覺得不那麼舒服，但允嘉這年紀的孩子可是興奮得緊，完全沒在怕！

親子遊樂設施大滿足＠煙波大飯店湖濱館

新竹煙波大飯店湖濱館，因為親子遊樂設施齊全，讓允嘉兄妹倆在飯店裡就玩到忘我，完全不想回家，而爸媽可以順理成章的拉長戰線成悠哉二日遊，不再一陣風的來去匆匆。

煙波大飯店在新竹有兩間分館，一是在市區的都會館，另一是在青草湖畔的湖濱本館。這次入住的湖濱館是結合商務和休閒特質的新竹飯店，雖然位於綠意盎然的青草湖畔，但還是緊臨新竹市區和科學園區，離新竹交流道和新竹火車站都近，交通便利。煙波大飯店湖濱本館又分成歐洲古堡式的溫莎館、英國皇家風格的麗池館和現代極簡風的香榭館等相鄰三棟，餐廳和地下停車場都位於麗池館，走到我們住的香榭館不用五分鐘，建議先下完行李，再把車開到停車場較為方便。

香榭家庭房有十三坪大空間，兩張雙人床、客廳沙發和書桌之外，空間依然寬敞，書桌正對面是青草湖，地下一樓的煙波俱樂部有健身房、電腦上網區、撞球、桌球室、自助式按摩椅、小彩虹俱樂部等等，各式器材一應俱全，提供房客豐富的休閒時光。

煙波大飯店的親子活動每季都會更換，住宿當天晚上和隔天早上都有活動，今年暑假是備受好評的福爾摩斯超級任務，連鳥大叔都覺得好玩，館方非常用心在規劃設計，主打親子旅遊市場，也確實帶給房客優質的整體住房享受。

煙波大飯店／新竹湖濱館

W www.lakeshore.com.tw/default.asp
A 新竹市明湖路 773 號
P (03)5203181
推薦房型 香榭家庭房 8000 元
（各房型之實際優惠房價，請洽詢各飯店官方網站或客服人員。）

煙波俱樂部中佔地最大的男女三溫暖、溫水游泳池、兒童戲水區和 SPA 水療區。

私房話老實說

早餐在莫內西餐廳享用自助 Buffet，晚餐建議出去尋找新竹小吃，飯店離市區很近，開車到新竹城隍廟只需十分鐘。

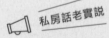

中台灣篇

一趟短暫的出走，無須遠行，
不期而遇的風景，譜曲成歌，
隨著步伐，唱出自己的音韻。

城市遊走小自在──台中

無與倫比的純真景致──南投

花蹤、螢火、人文、咖啡香……

學著去尋找土地的記憶和趣味，
學著用更多元的眼光，看待身旁的人事物，
穿過人情味的街角以及島嶼核心，
我們終將明白，最珍貴的故事就在你我左右。

台中

城市遊走小自在

一直要有新花樣，GO！

台中一直是個非常值得探訪的城市，久久來一次，就會發現新大陸，而且地理位置正好是南北同學大會串的最佳地點，南下或北上都方便，誰也不吃虧。市區的街巷弄裡，永遠有著不斷更新、升級的人文景致，讓台中的城市風格日益顯著；而亞洲大學更有全台唯一的安藤館，不妨找個時間前往欣賞展覽，培養自己的藝術氣質。此外，郊區的多元自然景觀，或鄰山、或親水，可以提供遊客多種戶外遊憩選擇，讓台中成為裡外兼修的美好城市。

在地激推美食

王牌清水米糕

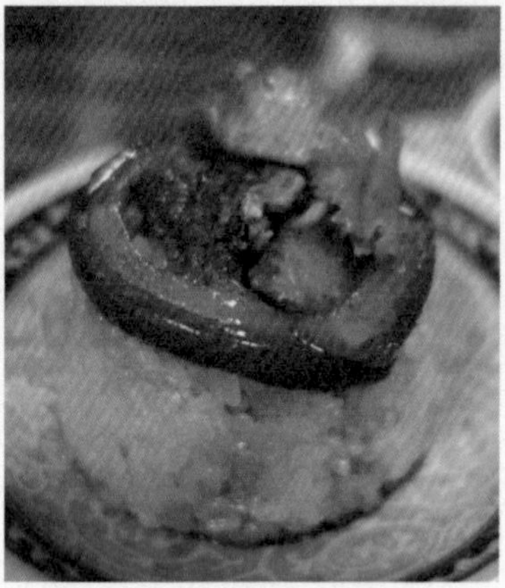

王牌清水米糕上桌時那一圈肥肉油油亮亮的光澤，真的好吸引人，不愧是傳說中的天使光環，有種吃了會上天堂的fu！米糕上層幾乎都是入口即化的肥肉薄片，米飯口感適中，米心保有Q彈嚼勁，甜辣醬不會太辣，純辣香、無重鹹，很是對味加分！女老闆超級客氣，瞧我初來乍到，特別提醒吃法不同於清水阿財和王塔米糕，他們的醬汁全放最底層，享用之前必須先十字劃開，再攪拌均勻，才能品嘗到最佳風味！

私房話老實說

聽聞清水有名的米糕店全都是王塔的徒弟出來開業的，有網友描述他們之間的差異：「王牌醬汁走清爽口味、阿財走重口味、王塔走海味。」

台式好味道 @老王客家莊

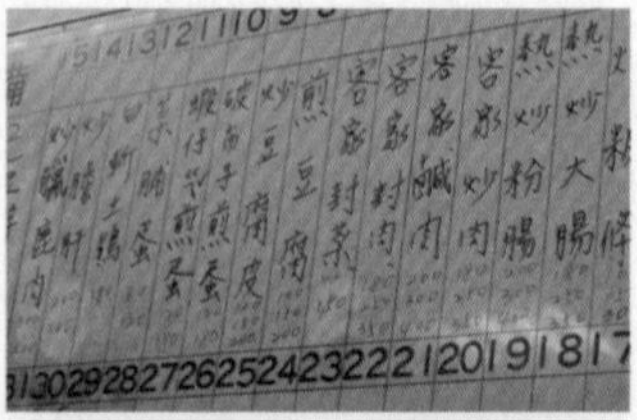

老王客家莊的菜單、價位都清楚列上白板，完全手寫，走古早氣味，室內簡單幾張桌椅，就做起了生意。這餐共點了六菜一湯，都在水準之上，煎豆腐、蔭豉蚵、薑絲小卷、地瓜葉都不錯，清晨現挖的台中大坑馬祖筍煮湯，筍子極嫩，好喝！

蔬食沙龍 @宮原眼科摘星樓

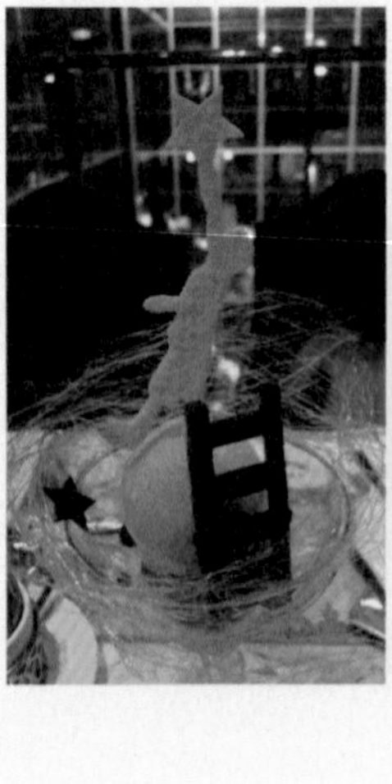

摘星樓的裝潢維持宮原眼科一貫優雅與低調奢華路線，結合象徵蔬食的淡綠色櫃台與沉穩灰色絨布座椅，營造舒適的用餐氛圍。用餐區多為四人位，也有八至十人的大桌，醉月樓與摘星樓都設有七歲以上才能進入的年齡限制，希望來到沙龍的客人，能夠擁有片刻安靜的空間，盡情享受一切。此處的食材混合在地和異國料理，包括甜點共有十道菜，雙層下午茶，豐富精緻，可以感受到滿滿的心思與心意。

天花板有星空彩繪與類似阿里巴巴童話的吊燈，給人無限想像空間。

人氣法式餐廳 @法森小館

法森小館是網友口中的好評店家，很難訂位，一樓是廚房作業區，座位較少，用餐區主要設在二樓，設有整片落地窗，窗外盡是綠意，既舒服且顯得有情調。初訪感想餐點在水準之上，CP值算高，如果訂不到位，可以試試樸儷花園法森二店。

王牌清水米糕
A 台中市梧棲區中央路一段 681 號
P (04)26579768
T 11：00 ～ 20：00

老王客家莊
A 台中市西區五權五街 73 號
P (04)23714812
T 11：50 ～ 13：50、17：30 ～ 20：50

宮原眼科
A 台中市中區中山路 20 號
P (04)22271927
T 11：00 ～ 22：00（平日）
10：00 ～ 22：00（假日）

法森小館
A 台中市西區大忠南街 42 號
P (04)23721339
T 11：30 ～ 15：00、18：00 ～ 22：00

食

就是要你接菜接不完 @樂座爐端燒

由台中在地秘探──橘子狗爆料的樂座爐端燒，店面在三角窗，只有晚上營業，晚餐共分三個用餐時段，五點半、七點半與九點半，限時兩小時用餐。一樓包圍檯面的十個近距離座位算是搖滾區，可以就近看到板前師傅的表演，除了食材全攤在客人面前，需爬上爬下取菜，最特別是用船槳送餐，把菜放在長長的船槳上傳遞過來，還得停格應付客人愛拍的要求，也難為這些師傅了（笑）。二樓是最大宗的座位區，需要脫鞋的和式座席，除了開放空間的塌塌米座位，還有隱密性更佳的包廂區。

所有食材（包括海鮮與蔬菜類），皆放在保冰的竹簍中，全攤在客人面前，所以師傅們都得上前取菜。

私房話老實說

樂座的環境佈置很有特色與味道，爐端燒的船槳送菜趣味性十足，食材新鮮，餐點也不錯吃，邊吃邊接菜著實好忙碌，很具新鮮感！

全包廂．教父牛排等級的肉品

@樂軒日式鍋物料亭

樂軒完全採用日本高級料亭的模式，全數提供包廂位，所有餐具器皿遠從日本運達，鍋料食材樣樣精選，以套餐方式供餐，包括前菜、主菜、菜盤、米麵食及甜點，費用依主食來劃分，分單點與套餐價，四人以下都是一鍋。

湯頭以魚乾、昆布及甘貝為基底去熬煮，清淡中帶點甘甜，不喧賓奪主，忠實傳達食材原味，相輔相成。主食等級中最高檔的澳洲全和牛肋眼，端上來時，讓人眼睛發亮！油花說有多美就有多美，教父等級的冷藏牛肉（非冷凍牛肉），那細緻動人的油花如同女人曲線一樣誘人。主食餐畢後，讚岐烏龍麵與雜炊最後端上，為這一餐做完美的收尾！

私房話老實說

現代社會趨向M型化，再貴再好都有人吃，台北的頂級餐廳一間開過一間，台中正積極發展中，樂軒算是唯一全包廂式座位的頂級火鍋店，不論是氛圍、食材都很到位。

樂座爐端燒
A 台中市北屯區熱河路二段 120 號
P (04)22387739
T 17：30 ～ 01：00

樂軒日式鍋物料亭
A 台中市惠文路 328 號
P (04)23828982
T 12：00 ～ 14：30、18：00 ～ 22：00

頂級澳洲全和牛的肉片口感柔嫩又富油脂與香氣，不一樣就是不一樣！

樂軒日式鍋物料亭

夜景約會聖地 @秋紅谷廣場

秋紅谷原本是個問題建案挖地基造成的養蚊子大水坑，後來決定直接開發成全台唯一下挖式生態公園，暴雨來襲時還可以充作防淹水的滯洪池。周邊植栽主要是楓香樹、烏臼和無患子等變色葉樹種，環湖步道特別用鬆軟的木屑舖設。

傍晚時分主建築開始點亮，湖面出現美麗倒影。

高美溼地保護區棧道的設計理念是海浪意象，途中出現高低起伏的棧道坡面。

無敵夕陽下踩泥趣 @高美溼地

高美溼地除了看夕陽、賞鳥，大量招潮蟹和彈塗魚完全吸引野馬妹的目光，為了生態保育，架了長長的木棧道，有效隔離人群與動植物生態。整段木棧道很長，可以邊走邊看大風車轉轉轉、邊跟出來玩耍的招潮蟹打招呼、邊找尋小白鷺的蹤影、邊欣賞海景……而木棧道尾端規劃了下水區域，許許多多年輕人瘋狂玩起泥巴戰、大小孩拿著鏟子堆起沙堆城堡、小小孩跑跑跳跳嬉鬧著、情侶牽手漫步款款深情，夕陽下是一幅人文自然融合的美麗景致。

秋紅谷廣場
A 台中市西屯區中港路二段 127 號
（台灣大道、朝富路、市政北七路、河南路交叉路口）

高美濕地
A 位於清水大甲溪出海口南側
T 全日開放

私房話老實說

這裡風大，如果帶小孩，記得給他們戴上帽子，避免吹久了頭痛。此外，造訪時間最好選在傍晚之前，天空被色彩動人、豔麗的晚霞給染紅，畢生難忘！

創意特色小吃發源地 @逢甲夜市

假日的逢甲夜市，人潮洶湧程度一點都不遜於士林夜市，很多創意特色小吃都是源自於此，美食節目愛來踩街，新聞也常報導新興店家，其中以炸物或燒烤類居多，指標性排隊店家，包括日船章魚小丸子、明倫蛋餅、大勝炒麵麵包、豬寶盒、官芝霖大腸包小腸、按摩雞排等等。此外，店家變化快，當然地雷也不少，行前功課一定要做足，或直接求助商家老闆或在地人報馬，引爆地雷的機會較低。

單車追風下台中 @東豐／后豐鐵馬道

東豐自行車道有二條路線，一條從豐原到東勢（東豐自行車道），另一條從豐原到后里（后豐自行車道），前者約12公里，後者約4.6公里。我們來這裡騎單車好幾次，每回都以豐原端當起點，時間少往后里方向騎，時間多才往東勢火車站方向騎。如果以東勢舊火車站當起點，開始有一小段綠蔭，之後是輕鬆的一路下坡，沿途經過梅子車站懷舊公園、梅子走廊、零蛋月台、石岡水壩和斷層月台等景點。東豐綠廊再接后豐鐵馬道，還有美麗的花樑鋼橋和涼爽的九號隧道，可以一路到后里馬場。

私房話老實說

相對於東豐自行車道的曝曬，我比較喜歡騎后豐自行車道，一來路程短、二來風景多變，尤其當夏天來騎進九號隧道那段非常涼爽，但是隧道內較為狹窄且照明較差，千萬不可逗留拍照，十分危險。

除了黃金阿勃勒之外，
還有荷花池。

台灣第一號安藤建築＠亞洲大學

亞洲大學是二〇〇一年才建校的，景致優美，看起來像是觀光景點，校園分置在道路兩旁，看不出校地範圍，開放式校園，沒有明確的外牆界限，想要開車進校園，登記即可，一邊的停車場，周圍盡是阿勃勒，如果六月到訪，沿著環校步道散步，整條都是阿勃勒黃金葡萄，金光閃閃的盛景，令人陶醉！

此外，現在有安藤館，是座落於校園的現代美術館，由日本建築大師安藤忠雄所設計，主體由清水混凝土與帷幕牆構成，內部的安藤講堂好美，再也不用追到日本，在台灣也有令人感動的大師作品了！

亞洲大學．亞洲現代美術館
A 台中市霧峰區柳豐路 500 號
P (04)23323456
T 09：30 ～ 17：00 ／週一公休

來去住一晚

全新家庭房 @ 裕元花園酒店

曾經在裕元花園酒店開幕時入住，留下美好的旅程回憶，八年後隨台中 BRT 通車再來體驗，想不到飯店內的設備景物依然新穎，看得出花費許多功夫在維護與保養。飯店貼心派出賓利禮車於高鐵站接駁，為一泊二食住房專案內附服務，健談有禮的司機讓旅程有個美好的開始。兄妹倆上車後，趕緊拍照留念，因為人生就一次，坐車亦能有住房的高級感受。

酒店挑高的大廳相當氣派，天花板上的玫瑰則象徵了企業精神，如照顧玫瑰般，細心呵護每一位入住的旅客，而從地下室竄至大廳的五株直挺挺的中東海棗，竟然是真樹做成的標本，為了增添休閒氛圍，也與戶外的植栽相互輝映。門口及台灣大道旁都遍植綠意，有四季灌木、玫瑰、雞蛋花、桂花及阿勃勒等等，希望入住的旅客能明顯感受春夏秋冬的繽紛變化。

我們入住的是最新改建的尊寵客房二中床房型，因應暑假及假日時段的親子天倫需求，特別增加此類家庭房，室內裝潢佈置皆有著可愛童趣。衛浴設備寬

私房話老實說

入住裕元花園酒店可以試試八樓的映景觀餐廳，用餐環境舒適，服務親切有禮，餐點好吃有水準。由於這裡屬商務型飯店，有很多外國客人入住，順應屬性需求與投客所好，已將吧檯區整修成更貼近酒吧氛圍的舒壓環境。

裕元花園酒店
W m.windsortaiwan.com
A 台中市台灣大道四段 610 號
P (04)24656555
推薦房型 尊寵親子客房 定價 10800 元
（各房型之實際優惠房價，請洽詢各飯店官方網站或客服人員。）

敞，內有廁所、洗手檯、浴缸及淋浴間，從浴室窗景亦可見台中市區、中港轉運站和大肚山景觀。

健身房、三溫暖都設在七樓的 ALF 健康俱樂部，戶外 SPA 水療池，空間通風舒適，超推！遠望可見高鐵列車呼嘯而過的景色，加上按摩水注，兩小都玩瘋了！早餐在地下一樓的溫莎咖啡廳，空間寬敞明亮，中西式冷熱熟食皆備。服務人員收盤勤，選擇性多樣，用餐時間是早點六點到十點，比一般飯店早一小時，遇上假日會延至十點半，相當彈性。早餐種類眾多，午、晚餐更多了車輪餅的機台，非常有趣！顯見酒店在軟硬體服務上的一致用心，深得顧客的心。

兩中床房型適合兩大兩小的組合，如果是四位大人同行，建議訂兩間相鄰房，直接把最外面的房門關起來可相通無阻，各自獨立又可享不受影響的私密時光。

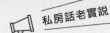

定點親子主題樂園度假 @月眉福容大飯店

月眉福容離交流道不遠，開車很方便，行程中除了可以在福容大飯店左右門神的麗寶水陸樂園玩兩天，附近也有天馬牧場和月眉糖廠等親子景點。這趟去程採高鐵加計程車方式，回程不趕時間，退房後利用免費接駁車到后里車站（車程十到十五分鐘），先在附近用中餐，再讓妹妹開心搭乘她心愛的火車。

我們入住的是豪華和洋家庭房，有兩大床及一間和室，空間寬敞，適合超過四口的增產報國之家。從和室的落地窗望去，遠方是后里市區，下方是麗寶樂園購物廣場，廣場不時有樂團演出。入住此處是為了就近前往水陸樂園，右方是天上飛地上玩的探索樂園，左側則是水中游的狂野馬拉灣；水陸樂園都是步行五分鐘內可達，完全不需其他交通工具，基本上是主題樂園度假，一次到位！

月眉福容大飯店
W yamay.fullon-hotels.com.tw
A 台中市后里區福容路 88 號（麗寶樂園內）
P (04)25592888
推薦房型 豪華和洋家庭房 定價 11800 元
（各房型之實際優惠房價，請洽詢各飯店官方網站或客服人員。）

私房話老實說

住宿客人有二日套票，隔天早上可以搶在大批遊客入園之前，先把遊樂設施玩上兩、三輪，如果天氣不會太涼，接著到馬拉灣感受大海嘯和滑水道的刺激感；如果第一天早點來（先把行李寄櫃台），一天一樂園慢慢享受又是更好的選項！

月眉福容的飯店外觀主體以彩色窗框拼接，很有活潑亮眼的視覺效果。

南投

清境、埔里、日月潭、溪頭

無與倫比的純真景致

尋找島嶼的絕美景色，GO！

日月潭是台灣數一數二的大景點，每次造訪都會留下美好回憶，尤其某一年密集體驗日月潭在各種天候下的萬種風情，以清晨時呈現迷霧薄紗般的朦朧美，最令人印象深刻，真的是無與倫比的美麗啊！至於清境、溪頭絕對是暑假何處去的最佳解決方案，高山氣候涼爽，帶著小孩去溪頭森呼吸，上清境看羊咩咩，舒適清新的空氣，正好提供長久在都市生活的我們，一種截然不同的寧靜思考空間，在島嶼的中央，聆聽大自然真實的呼喊。

在地激推美食

魯媽媽雲南擺夷料理 @清境

魯媽媽的網路評價頗優，第一次造訪，還覺得可能是個人口味問題，不很合味，後來大叔第二次被熟門熟路的民宿老闆帶來，感想大翻盤！原來會不會點菜真的差很大！每日限量的雲南汽鍋雞湯頭厲害，雞肉也好吃；高山高麗菜包著打拋豬肉享用的錦灑，口味層次鮮明；泰味米線的口感非常優，為老闆從雲南自行引進製作米線的機器，純米自製！

好吃的素食．雅池園 @埔里

雅池園為蔬食餐廳，是網路上的好評店，果然沒令人失望。用餐共分兩大區，室內佈置隨處皆是禪的意味，室外則有庭院造景，是一間很有質感的店家，用餐時不自覺會想要放慢速度，細嚼慢嚥，感受當下的美味。

餐點內容有米食與麵食套餐，另有養生鍋與藥膳鍋，各方面表現都很不錯，蔬菜新鮮，湯頭濃郁，整體份量很足，尤其是鮮蔬熱拌手工麵跟鐵板三杯，真是好吃！

魯媽媽雲南擺夷料理
A 南投縣仁愛鄉大同村仁和路 210-2-1 號
P (049)2803876
T 11：00 ～ 20：00

雅池園
A 南投縣埔里鎮南環路 952 號
P (049)2911778
T 11：00 ～ 14：00、17：00 ～ 20：00

南投意麵大PK

食

友德 vs. 圓環 vs. 阿章

南投市場內外有不少製作南投意麵條的店家，其中以民族路上的源振發和許梓記製麵（正宗南投意麵）招牌最顯眼。雖然源振發隔壁巷內就有現煮的南投意麵小吃店，但我們仍決定先直搗網路評價最優的友德南投意麵。

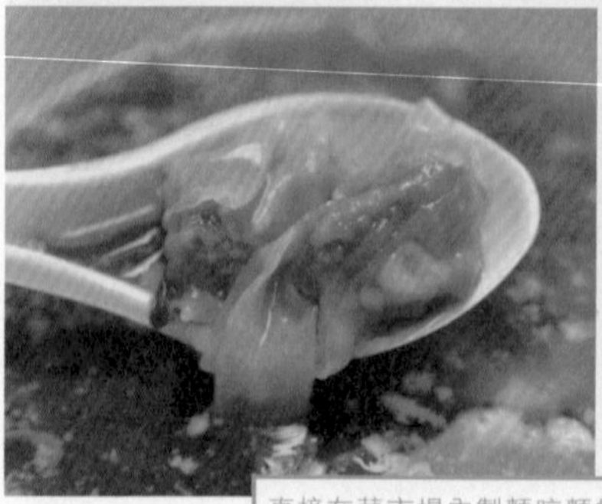

直接在菜市場內製麵晾麵的特殊景觀。

友德意麵現在已有店面，乾意麵份量較小，麵條口感滑順好吃，肉燥超香，我跟小姑都覺得鹹度剛好（小姑邊吃還邊分享乾麵怎麼吃才爽：麵條連同下面的滷汁一起呼嚕下肚才是王道！），滷肉飯有添配我愛的甜口味酸菜，餛飩湯的湯頭甘甜夠味，餛飩表現也佳，個頭小但味道足。至於每家南投意麵搭配的辣椒醬都不太一樣，友德提供的是義泉發蕃薑醬。

第二家挑戰步行即可達的圓環意麵，意麵份量很足，麵條口感偏軟，這裡提供的是新復成辣椒醬，以此拌麵有加分！肉燥飯表現水準之上，添配的甜脆瓜是好物。肉湯口味似肉羹清湯加空心菜，肉羹小但給量不少，湯頭也有添加肉燥。

第三家是阿章意麵，麵條口感最Q，小姑覺得肉燥很像婆婆的口味，紅蔥頭比例高，本店提供的是幸福辣椒醬，拌麵也不錯！鳥大叔另外點了大腸，端上來一大盤，口感極佳！

友德南投意麵
A 南投市民權街與中山街口
（南投市場門口）
P (049)2238021
T 06：30 ～ 19：00

圓環南投意麵
A 南投縣南投市彰南路二段 66 號
P (049)2232545
T 06：00 ～ 13：30
夏季每月第一個週一店休

阿章南投意麵
A 南投縣南投市南投里民權街 126 號
P (04)92226558
T 07：00 ～ 18：30

私房話老實說

外出遊玩選小吃最沒負擔，每家結帳都只要一百元出頭，便宜又令人回味再三！三家南投意麵的特色，整理如下：

	友德	圓環	圓環
營業時間	全天	上午	全天
價格	意麵 30 元 / 較小碗	意麵 30 元 / 較大碗	意麵 30 元 / 較大碗
口味	意麵最滑，滷汁優	意麵最軟，滷汁良	意麵最 Q，滷汁良
其他	滷肉飯附酸菜、餛飩湯優	肉燥飯附甜脆瓜	滷大腸口感優

醬樣卡好玩

新綿羊城堡．青青草原 @清境

北口：清境農場最新的北口售票亭，有最新的綿羊城堡造景，據說已成為熱門婚紗景點！青青草原分成幾個區塊和入口收票亭，進門先蓋手背章，方便從不同票亭進出。如果是自由行旅客來青青草原，一般網友都會推薦從北端票亭進入（有公車站牌），順向下坡走到南端售票亭，經過小吃街休息一下，最後進馬術園區，再往下走接國民賓館搭車下山，逆向上坡走的話，會比較累。

綿羊城堡：青青草原內另有一座佔據山頭的綿羊城堡，是紀念品販售區。小朋友很愛在青青草原餵羊！看到你手上有飼料，羊兒馬上衝過來跟你打招呼！

南口：走出南端出口通往觀山牧區，先經過一條小吃街，爆料香腸口味眾多。

觀山牧區：過了小吃街是青青草原觀山牧區，馬術秀表演時間為每日上午十點四十五及下午三點四十五。

觀山牧區裡不但有適合婚紗拍照的幸福造景，而且還有綿羊當前景，綿延群峰當背景，拍出來的照片很有氣勢，也有異國風情。

青青草原的佔地遼闊，一進北門城堡票亭就坐擁群山視野，心情跟著舒暢起來，體力好的朋友可以走走萬里長城木棧道。

私房話老實說

小瑞士花園園區不大，環湖步道繞一圈，半小時即可結束。最推薦每年的風車節前往，相關活動很多，從九點半開始，每個整點半有水舞秀，持續到晚上八點半，假日除了煙火秀與園遊會，還有一系列高山音樂會，高達二萬多支風車一起轉動，畫面極為震撼！

園區依地勢起伏精心佈置，往楓林步道上去，可以一覽全園美景。

跟著風車轉轉轉，小瑞士花園 @清境

清境小瑞士花園每年依據不同節日設計主題活動，最盛大就屬七月的清境風車節，園區內全是七彩風車，各種可愛動物風車、花朵風車，沿著地勢坡度遍植，搭配一圈又一圈的應景花卉，排列出美麗圖案，風一來全都轉不停，隨便一站就是美麗人像照。千萬不要急就章，慢慢走輕迎著風，才能體會逐風飛揚的樂趣。

貝卡巧克力莊園 @清境

由於非一般觀光區，先預約才能進入，前往的貝卡山路並不好開，車子開到台14線甲6.3公里處要放慢速度，經過老英格蘭民宿，繼續往前到日光清境民宿，右轉旁邊的小叉路（同時會看到貝卡的路牌），往下再開約十五分鐘，這段產業道路無法會車，請勿隨意闖入。

園內共有三棟木造歐風小屋，莊主的居所、祈禱的小教堂及巧克力工作坊，後兩棟有開放，其中巧克力工作坊為提供預約客人試吃的場所，也是製作巧克力的地方。如此幽靜、恍如世外桃源的仙境，我們決定好好慢活，來一場優雅的熟女下午茶，而美好的午茶就在草原的野餐桌上進行！望著眼前一片山巒翠綠，還有草泥馬低頭覓食著，嘴裡咀嚼巧克力的酸甜苦味，佐一口回甘的大禹嶺澐鄉紅茶潤喉，太享受了。

整片草原以盤古拉草種植的，一層一層的階梯草坪，動物們可自由出來逛街吃草享受日光浴，客人不能隨意踏入。

青青草原
A 南投縣仁愛鄉仁和路 186 號
P (04)92802172
T 08：00 ～ 17：00

小瑞士花園
A 南投縣仁愛鄉定遠新村 28 號（7-11 附近）
P (049)2803308
T 09：00 ～ 21：00

貝卡巧克力莊園
A 南投縣仁愛鄉春陽段 360 號（台 14 線甲 6.3 公里處右轉）
P (049)2802652
T 10：00 ～ 12：00、14：00 ～ 17：00 週二～四店休

清境退休教官精準帶路衝點，楓之谷賞楓×合歡山夕陽雲海

@中橫秘境

邱教官經驗豐富，山路開的很順，不會有太大搖晃，從清境農場到中橫台8線的楓之谷必須先翻過合歡山，要到楓之谷，需下切河谷，不會太難走，但鞋子最好能止滑，而且要互相照應。邱教官說我們運氣不錯，前天才下過雨，把樹上紅葉全掃下楓之谷，拍照起來特別壯觀。如果時間來的早，一般會搭配福壽山農場松廬的楓紅行程。

如果要拍出楓紅加流瀑的效果，記得帶腳架和減光鏡，才能拍出慢速快門的夢幻流瀑。

擁有了美麗的楓紅流瀑，殺回合歡山，松雪樓之前是整片白牆，正想是今日損龜的Moment，邱教官看到霧裡透光，立馬領著我們直接在武嶺停車場搶拍，雲開霧散；雲霧大景維持不足十分鐘，邱教官又決定早早帶我們轉進合歡山主峰步道，拍攝夕陽雲海。主峰步道雖然號稱拖鞋百岳，邱教官又帶我們走了捷徑，但山上空氣稀薄，大叔還是走得有點氣喘噓噓，幸好不用攻頂，就可以把夕陽雲海踩在腳下。由於合歡山秘境行程非常緊湊，機動性強，吃飯時間不固定，加上溫度很低，老弱婦孺不宜參加。

夕陽雲海氣象萬千稍縱即逝，烏大叔快門按不停，這一刻完全忘記高山風寒，手指頭都快變冰棒。

全球十大最美單車道 @日月潭

水上自行車道

日月潭除了坐遊覽車、搭纜車、騎單車、遊艇等方式遊湖，最建議被 CNN 評選為全球十大最美單車道之一的日月潭水上自行車道，沿路風景美極了！姐妹團為了賞美景不怕曬，烈日當空也豁出去！水社遊客中心附近有自行車租借，車道起點在中興大停車場內，記得過遊客中心後即刻左轉，看到偌大停車場，往和運租車／TOYOTA 電動車體驗館後方，就是環湖自行車道入口。如果時間不夠，約留兩個小時來回可達向山自行車道，沿途經過龍鳳宮、水社壩及向山遊客中心，如果有時間，四小時可以拼到月潭自行車道。

除了白色遊艇停靠在碼頭邊，還有小船悠悠其中，每個環湖平台，都有吸引人的美景，陽光下的湖面更顯美麗。環湖的自行車道，好似將日月潭的美景緊緊環抱住，騎在車道上就像將湖面踩在腳底，一旁映照碧綠湖水，微風徐徐吹來，騎自行車原來也可以這麼輕鬆愜意。沿路風景變化多樣貌，彷彿騎在水面上、樹林間、花草中，只要注意安全，不急停、不擋路中間，可依自己的節奏，想停就停，盡情飽覽這一切。

同心橋是婚攝熱門景點，途中經過兩座專用鋼構橋，會先經過弧形橋面的永結橋，再來是筆直的同心橋，特意漆成白色調，中間設有心心相印涼亭，我們雖然不是新人，但也被美麗浪漫情景所感染，光乘著風就覺得好滿足。

向山行政暨遊客中心
A 南投縣魚池鄉水社村中山路 599 號
P (049)2855668
T 09：00 ～ 17：00

群山環抱下，最無懈可擊的靜謐湖光水色！

面向日月潭大飯店這段路，完全親水設計，每轉一個彎，皆有不同景象，讓人驚艷不已！

私房話老實說

說到茶葉蛋就不得不提玄光寺阿嬤香菇茶葉蛋，從向山自行車道再接月潭自行車道一路騎就會到，不過大部分觀光客都是回水社碼頭搭船到玄光碼頭，水陸可以同時體驗到。

車埕火車站 @水里

車埕火車站是集集線終點，建於日治時代，木造式車站，充滿日式風情。只有單一月台運行，上下車都在同一個地方。環境很舒服，規劃了天車、貯木池、環池步道、木業展示館和遊客中心，雖然假日人潮不少，但我們待了不少時間，讓小朋友去餵魚、拉木頭，大人則泡茶、啃瓜子，一起度過了悠閒的上午。

車埕老街的現作牛舌餅，熱熱的好吃。

私房話老實說

民宿老闆娘推薦溪頭森林遊樂區步道的蔭涼路線，從妖怪村這頭的第二停車場進入，走神木步道看神木，經空中走廊，回程再走觀景步道到大學池，全程可避烈日，但是此路線會錯過銀杏林。

妖怪村 × 空中走廊 @溪頭

來溪頭絕對不能錯過兩個重點行程，一是位於溪頭自然教育園區入口前的超夯妖怪村，另一個是隱藏於森林樹冠層的空中走廊。

妖怪村就是明山森林會館的松林町商店街，已經紅到連飯店都改名為妖怪村主題飯店，GPS 可設定明山會館，車子開到溪頭森林遊樂區立德入口先別左轉，直行往第二停車場和客運站方向就能抵達，除了日式街景和可愛的妖怪，久保田烘焙坊的咬人貓麵包也是人氣搶搶滾！

溪頭自然教育園區裡的森林步道眾多，深呼吸都是新鮮空氣，走起來很舒服，因為要一口氣走到空中走廊，所以一開始都取直線上山，完成任務下山，才找了鋪滿木屑的森林步道慢慢走回，繞去大學池懷舊，晃到天色已黑，才出溪頭園區覓食去。

車埕火車站
A 南投縣水里鄉車埕村民權巷 2 號
P (049)2774749
T 09：30 ～ 17：00（平日）／ 09：00 ～ 17：30（假日）

溪頭明山森林會館——松林町妖怪村
A 南投縣鹿谷鄉內湖村興產路 2-3 號
P (049)2612376
T 10：00 ～ 20：00

溪頭自然教育園區
A 南投縣鹿谷鄉森林巷 9 號
（臺大實驗林溪頭營林區）
P(049)2612111
T 07：00 ～ 17：00

空中走廊高 7 層樓，繞一圈約 220 公尺，右去左回，咻一下就走完。

感受台灣之美．三育基督書院

@魚池

三育基督書院地大樹多草皮廣，到處是美麗的綠色隧道與寬廣油綠草皮，每一條綠色隧道各有不同風情。每棵樹感覺都有一定年紀，經由園方細心照顧及定期修剪，才會有如此壯觀的樣貌呈現眼前！

星期五下午五點至星期六下午五點是教會的安息日，很多設施不開放，亦不能進入校園，其餘時間只要登記證件即可入內參觀，帶小小孩來這裡很合適，讓他們恣意跑個過癮，假日時還能在此露營，享受山林野趣。

三育基督書院
A 南投縣魚池鄉魚池村瓊文巷 39 號
P (049)2897047
T 07：00 ～ 17：30（週日～週四）
07：00 ～ 16：00（週五）
週六休館

滿園綠色地毯及綠蔭遮天的樟樹群，美麗景致印象深刻。

賞櫻秘境 @ 寞內花園民宿

寞內花園位於青青草原北方售票口一公里，步行約十五分鐘，民宿建築外觀為典型英國都鐸式建築，大片平坦的草皮綠地公共空間，可以悠哉午茶，看看遠山雲瀑流動，享受秋冬暖陽，有種時間緩慢流動，世外桃源的fu！春暖花開時亦是農場上的賞櫻秘境，以環境、設備和服務而言，是CP值很高的清境民宿。民宿主要分為三棟建築，依面向不同而分成日出和星空景觀房型。當天入住星空景觀雙人房，附有Queen size雙人床，床和沙發躺起來都很舒服。每間星空景觀房都有小陽台，面向毫無光害的山脈群峰，方便房客半夜數星星。如果有帶小朋友來，可以借用黃色小鴨溫度計，超級育兒好物，顯見民宿在各細微環節上，對訪客的貼心設想與用心照顧！

慵懶的貓兒也是寞內的招牌明星，下午茶時間一到，貓群還會排列整理的上演餵食秀。

寞內花園民宿

W www.mone.tw

A 南投縣仁愛鄉大同村仁和路 219-1 號（位於南投縣清境農場青青草原上方一公里）

P (049)2803810

推薦房型 星空景觀雙人房 平日定價 4200 元、假日定價 5800 元

（各房型之實際優惠房價，請洽詢各飯店官方網站或客服人員。）

睡前在房間門口觀星空雲瀑，起床改看遠山日出。

私房話老實說

來清境農場自由行，強烈推薦寞內花園民宿，除了因為房價平實，針對自由行旅客的寄放行李、附近餐廳和景點接送服務，也是最主要原因之一。

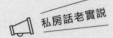

推薦給老夫老妻和情人專屬的經典雙人房，走浪漫風裝潢。

門前就有螢火蟲 @雅筑小站

溪頭雅筑位在內湖國小和妖怪村之間，距離內湖國小只需三分鐘車程，附近景點很多，溪頭森林遊樂區、妖怪村、忘憂森林和內湖國小，都是很適合多吸幾口森林芬多精的景點。

一樓 Check in 大廳，早餐也在此享用，入口的自畫像是張大哥女兒的創作。特殊連通房型的典雅四人房，由一間和室與雙人房組成，大人跟小孩分別享有獨立空間，衛浴共用。父母可以住洋室房型，小朋友分配和室房型。另一款精緻六人房的房型為連通雙人房與四人房組成，獨立衛浴空間，適合三代同堂的家族出遊。房間備品是 Oliva 旅行沐浴組，並且免費提供嬰兒床／嬰兒澡盆以及黃色小鴨溫度計。

每年四月初到五月中旬是溪頭的螢火蟲季，雅筑也在二年前開始復育螢火蟲，門口就有螢光派對！此外，這裡也有房客限定的賞螢套裝導覽行程，平日一人加一百元保險及導覽費用，假日則不加價！專業人員帶路，螢火蟲數量極多，而且離民宿近，可以盡享回歸山林曠野的住宿情趣！

溪頭雅筑小站民宿外觀算是歐風建築，門口有個小花園，停車場像個小型森林，這裡也是螢火蟲開趴的場地。

雅筑小站
W www.mone.tw
A 南投縣鹿谷鄉興產路 45-1 號
P (049)2751600
推薦房型 典雅四人房 平日定價 4200 元、假日定價 5800 元
（各房型之實際優惠房價，請洽詢各飯店官方網站或客服人員。）

貓咪當家@微笑58民宿

微笑58的管家拉拉，原本在做民宿行銷平台的業務，因為太喜歡這裡的環境，轉換跑道當起民宿管家。這裡的建材經過嚴格挑選（原主人是建商），實木手作家俱傳遞溫暖觸感與木頭香味，浴室地磚踩起來極為舒服，配色也優，不過入口較隱密，GPS導航到興隆巷一號，看起來是死巷盡頭，不要懷疑勇敢開到底，左轉順河堤行駛就會看到造型特殊的白色建築物，就是微笑58。

民宿外觀走地中海風格，偌大戶外空間，規劃了烤肉區及小孩最愛的玩沙池，沙坑上還有涼亭可以遮蔭，如果想烤肉，旁邊就有水源。一樓是用餐區，歐式鄉村風，冬天時聽說會在壁爐生起熊熊烈火，光想畫面就有歐洲過節的fu。共有四間客房，當晚入住兩人套房，長矩型格局，空間很深，我尤其喜歡三色拼接牆面，視覺感受柔和舒服，也鐘意浴室的磚紅米白拼接地磚，有踏實的觸感。

一早起床有豐盛早餐迎接我們，一大盤新鮮可口的蔬菜與主食盤，營養又健康，份量十足，深得大家喜愛！拉拉說早餐Menu會隨季節變換，冬天想準備焗烤餐食，給客人暖暖身子，平日有額外附贈下午茶，想來南投一宿的旅客，千萬要把握機會！

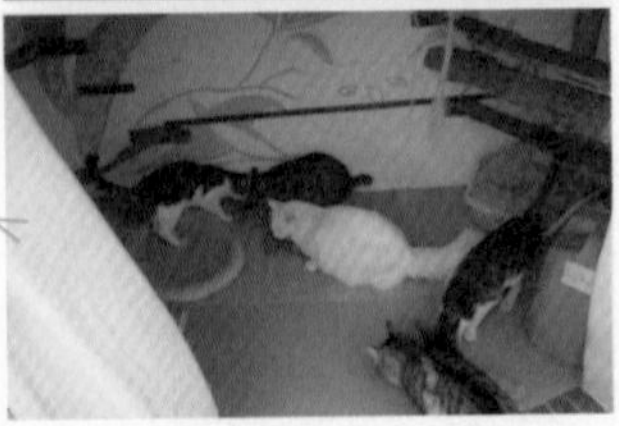

民宿處處是貓咪的元素，原來是因為這裡養了六隻小貓，算是微笑 58 的代表人物。但這裡並非寵物民宿，無法攜入房內，如果帶寵物，草原設有狗籠可暫時安置。

微笑 58
A 南投縣埔里鎮水頭里興隆巷 58 號
P 0963131903
推薦房型 雙人房平日定價 3000 元、假日定價 3400 元、加床每人 800 元
（各房型之實際優惠房價，請洽詢各飯店官方網站或客服人員。）

私房話老實說

微笑 58 離日月潭車程約二十分鐘距離，房價相對便宜，想去日月潭單車環湖，推薦住這裡，同時補一些埔里小吃，想前往清境農場賞景的車程也近。

南台灣篇

來自島嶼南方的陽光正熾，
在歷史的擁抱中，閱讀人文風景。

在地真情之味——雲林嘉義

老味道，慢時光——台南

港都悠遊物語——高雄

相約國境之南—墾丁

鮮食、品茗、涼風、濃厚人情……

前往南台灣，穿越充滿歷史氣味的古宅或街巷，
以及俯拾即是的人情味；在古典與新穎融合的時光裡，
感受喧鬧的熱情，在香氣氤氳的老滋味中，
找到屬於每一天的細微感動。

雲林嘉義

在地真情之味

先吃再玩，GO！

過往的嘉義之旅，總是直衝阿里山上賞櫻或是觀日出，後來漸漸迷上了雞肉飯，每次總得進攻好幾間才心滿意足，如今隨著新景點愈來愈多，對多樣化的嘉義小吃又更加著迷。一般來說，我們總是先安排旅遊景點之後，才開始搜尋周邊小吃，唯有嘉義和台南反而先排定小吃，才開始挑選順遊景點，可見嘉義美食之魅力。此外，本章節雖以雲林和嘉義為共同主題，但仍以後者佔較大篇幅，這也說明了雲林的處境，有六輕工業巨獸，也有全國最大的果菜批發市場，身為工、農業重鎮，各項建設與資源卻明顯不足。希望藉由此機會，可以讓更多旅人認識這個擁有少見日治建築群、老街、濕地、友善小農和返鄉青年默默打拼的農業重鎮，而非只是在高鐵或高速公路上匆匆一瞥。

在地激推美食

花枝鱔魚麵×紅龜刺殼粿×當歸鴨肉麵線×古早味雙糕潤 @雲林土庫

土庫順天宮斜對面的怪人花枝鱔魚麵，生炒花枝和鱔魚麵皆以盤裝，花枝大塊，羹湯濃順，蒜味適中，口味偏酸，有著獨特的在地味道。

許記紅龜刺殼粿，只販售到中午，內餡有菜脯米加花生，口味頗佳。

順天宮附近中山路的當歸鴨肉麵線老店，店內沾醬是土庫日新出產的特製醬油和辣椒醬，鴨肉口感好，肉質新鮮，當歸湯頭的中藥味重，微略帶苦卻風味迷人。土庫古早味雙糕潤，份量十足，共有三種口味，原味黑糖Q軟帶香，紅豆口感豐富，花生挺合味。

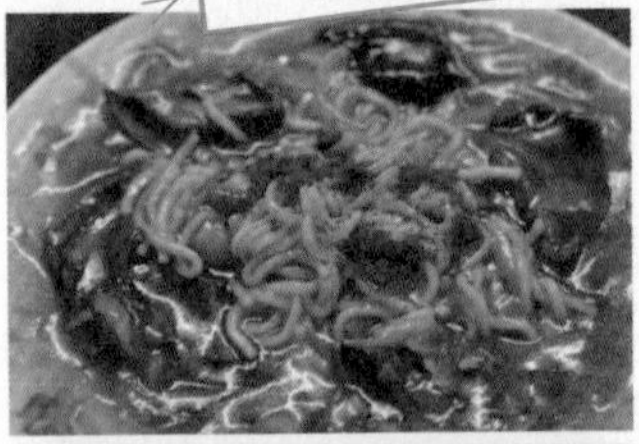

吃這類生炒羹麵，烏大叔一定會灑上大量紅辣粉。

生炒鴨肉羹 @ 嘉義新港vs.嘉義文化商場

位在香客大樓的生炒鴨肉羹名氣頗大，狹長型店面，客滿別怕，後方中庭還有座位且更通風舒適。羹湯口味偏甜偏酸，鴨肉片帶焦香味，鴨肉和筍絲的口感皆好。

文化商場的生炒鴨肉羹，從夜市攤二十五元吃到現在大店面三十五元，幾乎是雞肉飯之外，每遊嘉義必吃的一味。

香又濃新生早點×御香屋葡萄柚綠茶 @ 嘉義文化夜市周邊

峰炸豬排蛋餅裡，老闆加了多種蔬菜，蛋餅非常厚，餅皮也煎得極好，旁邊的黑胡椒特製泡菜也為蛋餅加分不少，不用沾醬油膏就很美味。

御香屋店員服務態度親切，現場排隊等候的客人不少。每年十月到五月的台灣葡萄柚產季才供應，另一款紅鑽葡萄柚綠茶則是五月到十月供應。葡萄柚完全現壓現調，每一口都喝得到果粒，另外添加了酸梅，喝起來順口甘甜，酸甜中帶股清香，很耐喝，為每回到文化夜市一定報到的地方。

蛋餅搞得比牛肉捲餅還大！裡面包的是特製泡菜、煎蛋和豬排肉。

怪人花枝鱔魚麵
A 雲林縣土庫鎮中正路 105 號（順天宮媽祖廟旁）
P (05)6621545
T 10：00 ～ 21：30／週一店休

許記紅龜莿殼粿
A 雲林縣土庫鎮中正路 144 號（怪人花枝鱔魚麵旁）
P (05)0923120298
T 07：00 ～售完為止

當歸鴨肉麵線
A 雲林縣土庫鎮中山路 157 號
P (05)6621567
T 08：00 ～ 19：00

古早味雙糕潤
A 雲林縣土庫鎮中山路 45 號
P (05)6622719
T 07：00 ～賣完為止

生炒鴨肉羹
A 嘉義縣新港鄉中山路 17 號
P (05)3747950
T 08：00 ～ 19：00（夏季）
08：00 ～ 16：00（冬季）

嘉義林文化商場生炒鴨肉
A 嘉義市民族路 192 號
P (05)2258755
T 15：40 ～ 22：30

香又濃新生早點
A 嘉義市長榮街 252-1 號（中信飯店旁）
P (05)2285477
T 06：00 ～ 11：30
每月第二、第四個週日店休

御香屋
A 嘉義市中山路 321 號（中央噴水池噴水雞肉飯旁）
P (05)2253828
T 09：00 ～ 21：00（平日）
10：00 ～ 22：00（假日）

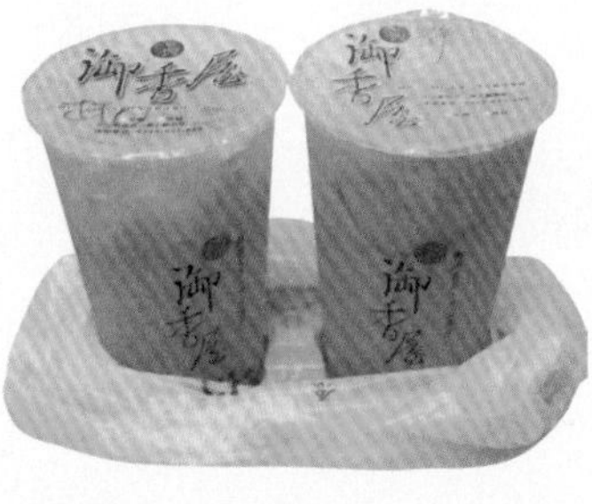

嘉義雞肉飯拼圖

@呆獅×東門×郭家×劉里長×南門

每一間嘉義雞肉飯都各有擁護者，還有所謂觀光客與在地人吃的店，但無論如何，只要是在嘉義吃的火雞肉飯我都愛，味道都有一定水準，此處介紹的五間店，都離嘉義火車站車程不遠，交通便利。

呆獅：中午時段店內坐滿滿，雞肉飯超香，允嘉吃完還想再來一碗（這小子果然遺傳阿母，也愛雞肉飯）；滷豆腐很合允嘉的胃，而味噌湯一碗十元，經濟實惠，不容錯過。

東門：位在光彩街與和平路的三角窗，小菜涼菜的選擇性多，雞肉飯有油蔥酥，香酥的油蔥配著雞肉飯，拌起來特別好吃。

郭家：雞肉飯中最有名的就是噴水跟郭家，允嘉超愛雞肉飯，只吃一碗不過癮，又叫了第二碗，郭家另有賣雞腿肉的雞肉片飯，而且粿仔湯是一塊一塊的粿仔，裡面也有不少下水料，烏大叔極愛。

劉里長：店門前機車併排到警察來取締，幸好劉里長有派員工在門口幫忙移機車，倒是排隊外帶的客人，等到臉色很難看。這裡除了好吃的雞肉飯，油豆腐的口感佳，深得我心！

進階版吃法是加點一顆荷包蛋，把蛋黃汁拌著雞肉飯吃，最高！

烏大叔說南門桃城的豬腳網路評價不錯，也有做團購。

南門：巷仔內的南門桃城火雞肉飯，一看就是在地巷仔內，沒有新潮的門面，客人就像左鄰右舍一般。這裡的雞肉較嫩，沒有油蔥酥，取而代之的是梅干菜，跟雞肉飯意外的絕配。冷盤龍鬚菜超好吃，嫩！尤其淋醬是醬油膏與蒜泥，比油滋滋的沙拉醬更合味。回座前看到椅上放了好幾大鍋豬腳跟鮮魚湯，又忍不住加點，做為完美收尾。

北回水晶餃老舖

北回水晶餃屬於大 Size 水晶餃，內餡絞肉多，帶有蝦米和香菇的香氣，整體調味偏甜，外皮口感Q，飽足感十足！

趁熱吃或放涼吃都不錯。

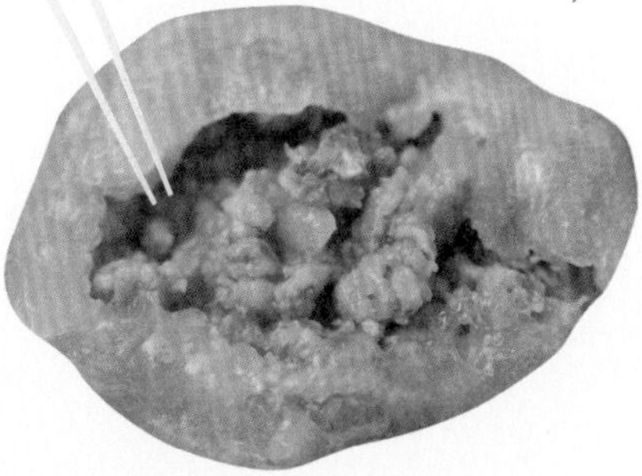

呆獅火雞肉飯
A 嘉義市民族路 665 號
P (05)2273051
T 10：00 ～ 20：30

東門雞肉飯
A 嘉義市光彩街 198 號
P (05)2282678
T 05：00 ～ 20：30

郭家雞肉飯
A 嘉義市文化路 148 號
P (05)2256214
T 09：00 ～ 05：00

劉里長雞肉飯
A 嘉義市東區公明路 197 號
P (05)2227669
T 06：00 ～ 14：30／隔週一店休

南門火雞肉飯
A 嘉義市安和街 24 號
P (05)2783080

北回水晶餃老舖
A 嘉義市忠孝路 166 號
P (05)2251387
T 09：30 ～ 18：00

醬樣卡好玩

野放雲端，摸蛤幸蝠鳥日子 @雲林生態小旅行

受邀參加「野放雲端，摸蛤幸蝠鳥日子」小旅行，在專業生態研者張恒嘉老師的帶領之下，認識了黃金蝙蝠及其生態，下午到台西海邊摸蛤，夜晚樹林尋找諸羅樹蛙，翌日清晨由賞鳥達人帶路山中尋鳥，騎單車享受田園風光。

在認識黃金蝙蝠之前先吃飯，天然野菜做的粥，白米是農民種的有機米，烤有機地瓜又香又甜，連皮吃最健康，另外體驗蝙蝠甜點DIY，小朋友一定會喜歡。用餐後稍作休息，張老師用投影片幫大家開釋，說明蝙蝠習性及賞蝠注意事項，不可以用閃光燈、不要太靠近等等，蝙蝠的小木屋是老師設計和學生自己親手做的，暗藏許多細節，像是斜屋頂方便排水、不同微氣候的小隔間、方便觀察的前蓋板等等。老師說不但學校裡有掛木屋，連附近農家也會買回去掛，這裡蝙蝠生態及保護推廣做的很好，現在約有一百多個蝙蝠屋，有時候竟然發現天牛、蜘蛛等其他昆蟲動物也會來住！在幸蝠小學概略了解黃金蝙蝠生態，真的是長知識，後方的祈蝠亭更是處處用心。

下午場地從綠地拉到海邊，來到台

西海邊摸蛤挖寶。我們挖到公代、赤嘴，還看到很多清白招潮蟹、彈塗魚等等，進行潮間帶生態的第一類接觸。挖完蛤蜊當然要吃海鮮大餐，晚餐是台西活力海岸漁港小店的海味料理。

隔天早上起個大早，五點半出發到林中，大清早雖然人還沒很醒，但在老師的解說下，漸漸能分辨鳥的叫聲，這些山林裡的鳥精靈一早就在森林裡開演唱會，用心聆聽，再用望遠鏡遠觀牠們美麗的身影。

早餐走健康養身路線，現煮咖啡及紅茶，白饅頭、雜糧饅頭、控肉筍絲跟炒蛋。之後來到林北鄉林北村，林北卡好社區的菸樓主要是用來燻烤菸葉，屋頂有突出的小閣樓，二邊有通氣窗可調節溫度與溼度，菸寮常年煙燻都成古樸的褐色，別有一番風味，二樓現在已是閒置空間，一樓展示早期田間生活的用具，這裡能感受到濃濃的人情味與熱情。

之後騎腳踏車巡田，戴好遮陽的斗笠上路！張老師開釋，每年三、四月是紫斑蝶北返的時期，林北村則是北返的必經之路，有的從高雄、屏東北返而來，有的遠從台東穿越中央山脈過來，記得台灣有蝴蝶王國的稱號，但近年漸漸式微，真的再次呼籲，生態維護需要大家的合作。

此回雲林二日小旅行極有意義，平原賞蝠、山中尋鳥、夜訪綠精靈及海邊摸蛤等等，上山又下海，皆為自由行無法玩到的行程，適合帶小孩野放的深度之旅，處處是驚喜，亦能發現雲林的美！

湖本生態合作社
A 雲林縣林內鄉湖本村三權路 56 號
P (05)5890375
T 09：00 ～ 17：00 ／週二、三公休

林北卡好數位生活館
A 雲林縣林內鄉林北村增產路 48 號
P (05)5891996
T 08：00 ～ 18：00

柱子作畫意指保育需要大家支持，在豐衣足食下，不要影響到蝙蝠的生存權。地球只有一個，環境的保護要靠大家的合作，人間有情、世界有蝠。

在湖本生態合作社用早餐，以前這裡是八色鳥保育協會，現在改為咖啡廳，也經營民宿。

黃花風鈴木大爆發 @嘉義軍輝橋×中埔仁義路×北港溪北六興宮

二○一五年中南部大缺水，樹木有危機意識，造成黃花風鈴木大爆發，花況比往年都好！其中引起我追花的衝動就是來自軍輝橋的美照！雖然我們抵達的時候，花況只剩四、五成，但是依然是絕美景致記憶點！倒是軍輝橋對岸雖然花況較差，但建議前往一探，因為祕境就在中埔鄉農會和美辦事處旁的和美槌球場，幾株黃花風鈴木花開正盛。

如果來軍輝橋賞花，建議加碼中埔鄉仁義路的黃金花海，兩處位置很近。除了軍輝橋那一側，記得繞到對岸河堤，從八掌溪親水路進入，沿河床走到底轉中埔鄉仁義路，繁花茂盛。至於最壯觀的花海則落在嘉義新港的溪北村六興宮，附近的札子溪過溝堤防可拍到很長的黃花隧道，相當壯觀。

私房話老實說

到溪北村六興宮建議把車停在外圍，不要開進花道，影響觀瞻又難行。走到中段有梨田，全是新鮮的落花，可站在一旁水泥路上取景，但請勿踏入田中。

交趾剪粘藝術村 @嘉義新港

來到新港板頭社區的交趾剪粘藝術村，可以在板頭村鄉間遊車河，每個轉彎或角落，不時會出現可愛的交趾陶拼貼藝術品，令人驚喜萬分。板陶窯入園費五十元可抵消費，園內除了交趾陶剪黏工藝商品之外，還有DIY體驗工坊和陶板燒餐飲午茶，接著細逛古笨港案內所與板頭阿兄冰店之後，建議可以走在五分車復興鐵橋上，從高處遠望稻浪拼布，處處有驚喜（但遮陽處不多，景點稍分散，中午造訪可能會曬昏頭）。

板陶窯
A 嘉義縣新港鄉板頭村灣子內 42-3 號
（中山高速公路下嘉義交流道往新港、北港方向，看見高鐵高架橋後右轉，直走 800 公尺即可到達園區。）
P (05)7810832
T 09：30 ～ 17：30

原鄉四季苦楝樹及三醉芙蓉的剪黏大壁畫，遠觀或近看都很美。

沿著五分車鐵道走到板頭厝車站，沿途盡是可愛的馬賽克拼貼座椅。

來去住一晚

充滿設計感的接待大廳，根本是文青茶棧沙發區來著。

泡茶浴吃茶點．文創風格旅店

@桃城茶樣子

過往我們來嘉義好幾趟，除了入住阿里山上，呼吸新鮮空氣之外，往往都很沒有梗的直接選擇文化路夜市附近步行可達的飯店，總是白天跑行程，晚上就去夜市覓食。經過幾年的掃攤之後，現在對夜市較為免疫，少了地緣限制，便開始尋找較有特色的飯店。二〇一四年六月才開幕的承億文旅「桃城茶樣子」，有著時下流行的文創風格，搭配將嘉義市景一覽無遺的無邊際泳池，甫開張就成了嘉義住宿的熱門選擇。

位於茶鄉阿里山下的桃城茶樣子，有著大片落地窗、白色外牆和綠色植生牆，建築造型就像茶箱的不規則堆疊，以塊狀建築的幾何排列，結合傳統茶文化和新建築藝術的茶主題文創旅店。入口處頗有禪意，大門前的茶庭園，有許多造景和裝置藝術，竹林隔絕外頭的車水馬龍，顯得相對幽靜。

我們入住的白露行政雙人套房，空間坪數不算特別大，裡面還有可泡茶浴的大浴缸（只有雙人房有浴缸），卻因設計得宜，感覺不會擁擠。書桌檯面超大，

可以兼作電視櫃和化妝台使用，另有活動式小茶几（方便又不佔空間），當場變成野馬妹的專用畫畫桌。整體簡單俐落，光線明亮，裝潢用料有質感，浴池夠大，兩個大人或一大一小剛剛好。茶風景茶浴湯要先用少量熱水浸泡五分鐘，讓其出色顯味，再用溫水調和到適當泡澡水量，泡起來有淡淡茶香。

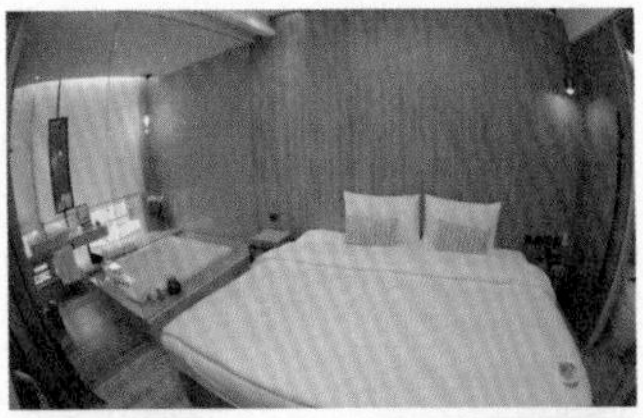

晚餐餐畢後，七點有茶染手作體驗，回房再浸個茶湯浴，泡壺熱茶，就是茶染、茶浴和茶香的茶體驗三連彈！隔日早餐在一樓的山山來食料理廚房，用餐時間為上午六點至十點，座位不多，共分四個時段入場，入住時櫃台會先約定時間，將房客錯開，早餐有中西式兩種套餐可選擇，搭配自助餐檯的食物。桃城茶樣子藉由文創力量，將在地文化特色作了有效的發揮，也讓更多旅人看見蘊藏在嘉義景致裡的人文之美。

承億文旅～桃城茶樣子

W teascape.hotelday.com.tw

A 嘉義市忠孝路 516 號

P (05)2280555

推薦房型 白露行政雙人套房 定價 8000 元

（各房型之實際優惠房價，請洽詢各飯店官方網站或客服人員。）

房間提供茶具和阿里山茶，茶葉是有機手耕，茶具很有質感。

台南限量的手工煎餅，野馬妹超愛！二片秒殺！

私房話老實說

桃城茶樣子細節質感都很到位，早餐方面，我跟鳥大叔一致覺得中式的表現較優。

住

華山觀止虫二行館

華山觀止與苗栗的泰安觀止是同一集團，有著獨特的清水模建築工法，滿是光與影交織的人文建築風格；斜撐樑柱外觀勾勒線條，搭配玻璃帷幕引進光線，極簡不花俏，反而給人無盡的聯想。飯店一、二樓是餐廳，三樓是住房，這裡只有十間房間，頭尾邊間是唯二的兩間觀止套房，我們入住空間最大的觀止套房，一進去有個小迴廊，轉進去才看得見房間全貌，獨覽三面環景落地窗景緻，有View夠質感。房間靠窗這側設有長長的辦公桌，方便處理日常雜務，窗邊兩張椅子及小茶几則是發呆與放空的好所在。房內以兩張大床併排，廁所在入口左手邊，乾溼分離的淋浴間與馬桶，雙洗手檯設計，非常方便。

一樓主建築前的鏡池倒映樹影超有fu，晚上有不少客人在此小酌、欣賞夜景。取名叫華山觀止虫二行館，取其「風月無邊」的寓意，因為飯店主打餐點，從早餐、午餐、下午茶、晚餐及宵夜場一應俱全，全天候供應，隨時滿足客人需求。飯店在入夜點燈後，又是另一番景色，靜懿飄然，有種空靈的感覺，若是前來入住的情侶，不妨手牽手到室外享受美麗的夜之浪漫。

觀止套房位處兩側邊間，擁有三面環景落地窗，才拉開一面窗簾，就整個亮了起來！

華山觀止蟲二行館
W bugtwo.com
A 雲林縣古坑鄉華山村松林路 54 之 5 號
P (05)5900000
推薦房型 觀止套房 定價 8800 元
（各房型之實際優惠房價，請洽詢各飯店官方網站或客服人員。）

戶外這座交叉錯置的平台，是自助餐供餐時的戶外環桌，約可提供一百人份，好天氣時在此用餐，非常舒適。

台南

老味道，慢時光

多帶幾個胃才行，GO！

每次到訪台南，行程總是不避諱的一路吃到底，「吃到昏天暗地，胖到深處無怨尤」，回程也一定買些好料上車，繼續吃回台北。這些在地鮮味好料自有一番獨特之處，總讓人不顧一切的瘋狂尋找與蒐集，一步一步穿梭在傳統老街巷弄與典雅的古建築之間，涼風吹拂，迷人的台灣老味道隨之飄來，無處不是隱隱約約的食物香氣，在身邊繚繞，引人熱血狂奔上前，以滿足狂躁不安、深怕無法一切盡享的胃和食慾。

在地激推美食

鹹粥吃哪家

阿堂、阿星，在地人告訴你！

阿堂的虱目魚粥，鮮味十足，在台北活了三十年從未嚐過的好滋味，土魠魚粥也有同樣的鮮甜氣味，在台南吃鹹粥，風頭完全被鮮甜的虱目魚和土魠魚所搶佔。

加碼包成羊肉 阿堂鹹粥鄰旁的包成羊肉，生意也是搶搶滾，羊肉湯頭鮮甜沒話說，還能續湯，羊肉鮮嫩，可以看到它的粉嫩色澤。遠道來台南，建議兩家通殺，最後以不遠處的小西腳或下大道的青草與蓮藕茶做Ending，做為古都行的全套早午餐。

如果不想在阿堂鹹粥苦等候位，可以試試阿星鹹粥，聽說是在地人美味，一早店旁的工作人員還在忙著解剖魚肉，一次出動四位，看來生意也是不錯。店內除了虱目魚相關品項，還有賣肉粽及菜粽，皆是好滋味。

台南牛肉湯大點名＠石精臼、尚好吃、旗哥、六千

古都台南的牛肉湯是出了名的新鮮，涮幾秒上桌的粉紅色牛肉片與湯頭，是不容錯過的美味。不過很多都一早五、六點開門營業，晚上還有賣的不多，石精臼就是其一，新鮮牛肉稍微燙一下就上桌，入口軟嫩，好吃！

尚好吃牛肉湯店內客人滿座，牛心牛肝牛雜晚來就賣光，好在還有牛肉湯可點，點了牛肉湯或炒牛肉都有附飯，真的可以呷粗飽，這裡的滷肉飯太迷人了，肉末是自己切的，豬皮滷的Q又香，去掉油脂部份，剩下滿滿的膠質，大家吃了都說讚。

旗哥的營業時間長，最不易撲空，點牛肉湯也附牛肉燥飯或白飯，牛肉湯碗內直接放好生肉，燙一下就上桌，鮮嫩好吃！

而被大家列為必吃的六千牛肉湯，網路上甚至有人為它寫了教戰守則，我特別起了個早，就怕吃不到！誰知那麼巧，碰上年後連休五日，吃不到就是吃不到（大哭）！

阿堂鹹粥
A 台南市西門路一段 728 號
P (06)2132572
T 05：00 ～賣完為止／週二店休

包成羊肉
A 台南市中西區西門路一段 425 號
（西門路、府前路交叉）
P (06)2138192
T 05：00 ～ 11：00 ／週一店休

阿星鹹粥
A 台南市中西區民族路三段 289 號
P (06)2200941
T 05：00 ～ 13：00 ／週一店休

石精臼牛肉湯
A 台南市中西區民族路二段 246 號
P (06)2232266
T 17：00 ～ 00：00

尚好吃牛肉湯
A 台南市北安路一段 6 號
P (06)2816453
T 04：30 ～ 11：30

旗哥牛肉湯
A 台南市北區中華北路與大興街口
P (06)259-0005
T 07：00 ～ 14：00、16：00 ～ 24：00 ／週一下午店休

六千牛肉湯
A 台南市中西區海安路一段 63 號
P (06)2227603
T 05：00 ～賣完為止／週二店休

卓家汕頭魚麵
A 台南市中西區民生路一段 158 號
P (06)2215997
T 10：00 ～ 21：00

冰鄉豆花冰果屋
A 台南市中西區民生路一段 160 號
（卓家汕頭魚麵的隔壁）
P (06)2234427
T 11：00 ～ 21：00

旗哥牛肉湯

石精臼牛肉湯

六千牛肉湯

尚好吃牛肉湯

卓家汕頭魚麵 × 冰鄉豆花 @ 小姑愛店

小姑很推卓家汕頭魚麵，魚麵是用魚肉揉進去的麵條，魚湯有魚冊、魚丸、魚餃湯，一律三十五元，魚冊很特別，必點。魚麵份量不多，乾麵味道濃厚，湯麵清淡，可自由選擇。此外，別錯過滷肉飯，口味帶甜，不論滷蛋、滷丸或油豆腐都很入味，更不能錯過隔壁的冰鄉豆花，記得在吃魚麵的同時就先去點餐領號碼牌，熱門品項才有得吃。冰鄉除了八寶豆花、薑糖番茄必吃，還有一樣超人氣的芒果牛奶冰！老闆使用三、四種芒果，有愛文、金煌及香水等品種，大又多的芒果擺滿盤，另外附一杯芒果原汁，淋在芒果冰上，全桌掌聲響起！

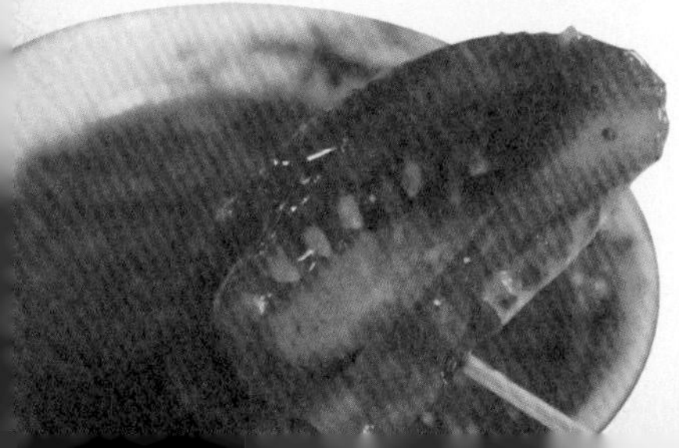

台南正宗番茄的吃法特別，沾醬以老薑泥、甘草粉、黑糖粉、基底醬油等等調製，稱之為山海醬，甜甜鹹鹹又帶著薑味。

台南米糕 @萬三 vs. 保安路

萬三米糕外帶、內用有不同 Size，老闆娘建議在現場享用最好吃，米糕滷汁很多，米又Q，滷蛋、滷丸一顆五塊，小姑一吃就上癮，列為台南愛店之一。保安路米糕同樣是熱門店家，米糕上放了滷肉、醃黃瓜、軟花生、香菜及魚鬆，魚皮湯鮮甜，魚皮附肉、大片又好吃，為了提高翻桌率，內用米糕限定只能點小碗，外帶則有分大中小，還有粽葉版本！

保安路、海安路，美食大集合

保安路米糕

排到天荒地老的阿明豬心：保安路是有名的美食戰區，短短兩百公尺路段，集結不少知名店家，一餐根本吃不完，這一帶最有名的當屬阿明豬心冬粉，前前後後經過三次，排隊人龍一直沒有減緩的趨勢。阿明豬心每道菜色都是現蒸現煮，樣樣新鮮，美味口感沒得挑剔。豬肝、豬心及腰子這類食物，最怕煮過頭而顯老生硬，如要呈現極致鮮嫩的口感，須精準掌控火候。

醇涎坊鍋燒意麵：醇涎坊單賣鍋燒系列，有鍋燒意麵、鍋燒烏龍、鍋燒米粉、鍋燒冬粉及滷味等等，小姑說湯頭鮮、料滿滿，而台南意麵的好吃更不用說！

蔡三毛豬血攤：蔡三毛在台南共有三家分店，保店路分店走古早味裝潢，乾拌綜合有四種料，大腸、小腸、豬舌、肝連肉等，口味調的很好，大小腸的口感都很優；綜合湯更得到一致稱讚，同樣四種料，湯頭濃醇鮮美，讓人還想再來一碗。

醇涎坊鍋燒意麵

阿明豬心

蔡三毛豬血攤

阿明豬心

集品蝦仁飯：保安路直直走到與海安路交叉的集品蝦仁飯，也是小姑的愛店，純粹滿足她愛吃蝦的欲望，飯並非白飯而是像燴飯，用了柴魚湯，味道鮮甜，新鮮的火燒蝦用蔥爆，很快就被清空。

石頭鄉烤玉米：招牌口味是沙茶，烤玉米有Q，醬汁加了台南醬油，口味偏甜。

集品蝦仁飯

石頭鄉燜烤珍珠玉米

萬三米糕
A 台南縣永康市中華路 495 號
P (06)2311095
T 17：00 ～ 01：00

保安路米糕（原下大道米糕）
A 台南市中西區保安路 16 號
P (06)2248112
T 10：00 ～ 22：00／週三店休

蔡三毛豬血攤／王宮口支攤
A 台南市保安路 46 號
（國華街三角窗）
P (06)2238359
T 11：00 ～ 20：00

阿明豬心冬粉
A 台南市中西區保安路 72 號
P (06)2233741
T 17：00 ～ 01：00

醇涎坊鍋燒意麵
A 台南市中西區保安路 53 號
P (06)2215033
T 07：00 ～ 20：00

集品蝦仁飯
A 台南市中西區海安路一段 107 號
P (06)2263929
T 09：30 ～ 20：00

石頭鄉燜烤珍珠玉米
A 台南市保安路 98 號
P (06)2220098
T 13：30 ～售完為止

阿明豬心

醬樣卡好玩

世界最美花海道 @白河林初埤木棉道 × 土溝農村美術館

白河林初埤木棉道被國外網站 Bored Panda 選為全球十五條最美花海街道，也是亞洲唯一入選，花期約在三月中旬，離後壁土溝農村美術館只有五分鐘的鐵馬車程，美術館有單車可租，無交通工具者也可藉此方式順遊，順著南 90 鄉道往村外騎騎個五分鐘，就能看到整排落落長的林初埤木棉道。

衝完熱情如火的林初埤木棉道，回到閑靜的土溝村，農村美術館是台南藝術大學學生的農村社區營造成功案例，以整個農村就是美術館為概念，平日戶外作品都開放，室內作品週六日與國定假日才開放觀展，為維護社區清潔，村內沒有指標系統，相關展覽資訊與導覽圖都在套票裡。

土溝農村美術館藉著隱藏在農村聚落中的藝術裝置和歇腳處，讓遊客親近、欣賞美麗鄉野田園。

台南學甲蜀葵花季 @光華里社區

台南學甲地區的蜀葵花活動每年約於三月開跑，規劃數個花田專區，可以在區公所網站查詢位置圖，每年花開盛況不一，跟當年氣候及雨量有關，其中以過港仔，亦即光華里社區（GPS 設定學甲福安宮）這一帶的蜀葵花最為壯觀，花田中央皆另闢小徑，方便遊客行走，大家可放心走進與花近拍，但切勿攀折花木，農民花了四個月的心血栽種，提供無償觀賞，更需要發揮大家的公德心。整個光華社區，除了有花可賞，本身還是個彩繪村，有三合院公園、古井水塘及古早祖厝，置身其中彷彿偷得一日閒淡緩慢的農村生活。

置身高大的蜀葵花園裡，感覺像是走進彩虹迷宮！

台灣袖珍版亞馬遜河@四草水上綠色隧道

四草綠色隧道位於台南的台江國家公園內，四草大眾廟旁，距離市區車程約二十分鐘。搭船有兩條路線，搭觀光船來回約一個多小時，途中經過四草湖中湖、鹽水溪、嘉南大圳、蚵棚、安平樹屋和水鳥保護區，導覽人員說這條路線在冬天搭乘更適合，那時候會有很多候鳥。

我們搭乘的是廟後方的綠色隧道，來回僅三十分鐘（輕鬆行程），主要航線就是台江內海的紅樹林隧道。前半段約五分鐘的時間較無遮陰，導覽重點在右側的招潮蟹，接下來是海茄苳、欖李、五梨跤和水筆仔（新植）等紅樹林植物生態。沒多久就到了令人期待的涼爽綠色隧道，穿梭其中，彷彿置身迷你熱帶雨林，全程完全無搖晃感，有生態觀察，有導覽解說，很適合帶小朋友同行。

私房話老實說

船家雖然貼心提供斗笠，供遊客抵擋豔陽，但效果有限。不過水上綠色隧道真的很美，短短幾百公尺，水面倒映著兩旁交織的樹影，除了行進間產生的漣漪，幾乎是靜止不動的，彷彿時間就停在那一刻……

黃金護城河@億載金城

億載金城旁的無料公園，整座園區遍植黃花風鈴木，盛開時有夠浪漫爆炸，有種處處閃金光的錯覺……這個時節小朋友索性不玩兒童遊戲區的設施，個個低頭忙著撿花兒串花圈或排圖形！還有民眾效法日本人進行花見野餐的概念，甚至帶了香檳杯來Cheers，太享受了！公園裡超人氣、聚集最多人的地方就屬護城濠一帶，花道圍繞著河道，形成特殊黃金護城河景觀，草皮上自然佈滿了人群，此時池面上緩緩迎來天鵝船，啊，賞花就該如此悠閒！

除了利用現代科技產物，將美景記錄下來，更有才的是拿著畫筆寫生，把眼前這一幕、金黃動人的景色框入紙上。

奇美博物館@台南都會公園

奇美博物館於二〇一五年元旦正式開幕，入館欣賞藝術品採網路預約制，館內禁止攝影，每天入館控制在五千人次以下，維護參觀品質，如果沒有預約，可以在館外欣賞美麗的建築、噴泉和雕像等藝術作品！

白河林初埤木棉道
A 台南市白河區玉豐里

土溝農村美術館
A 台南市後壁區土溝里 56 之 1 號
P (06)6874505
T 09：00 ～ 17：00

四草大眾廟
A 台南市安南區四草里大眾路 360 號
P (06)2840959
T 10：00 ～ 14：30（平日）
10：00 ～ 16：00（假日）

億載金城
A 台南市安平區光州路 3 號
P (06)2951504
T 08：30 ～ 17：30

奇美博物館
A 台南市仁德區文華路二段 66 號
P (06)2660808
T 09：30 ～ 17：30／週一休館

私房話老實說

建議花五十元買票進入億載金城參觀，雖然沒什麼花，但可以取得觀賞對岸花況的最佳拍攝全景地點。

猶如來到日本 @吾宅日式館

吾宅一進門是要爬——樓——梯的……好在行李不多。這裡的公共空間開放到晚上十一點，全面禁煙，吾宅的木地板沒上臘，踩起來舒服輕柔，感覺會呼吸。和式客廳寬大舒敞，採光很好，適合閱讀、品茗，簡單的日式風格很迷人，往裡走是餐廳，這裡共有五間房間，每間依地區別屬性規劃了不同風格，分別是宮崎、沖繩、東京、北海道及京都，雙人房居多，四人房只有一間，亦即我們入住的京都和式房（A+B房），一間鋪榻榻米，室外是日式庭院。另一間和式房兩面窗景綠意盎然，坐在這裡真的都不想離開了……兩間皆坐擁大片落地窗，眼前的日式庭院，彷彿置身日本，

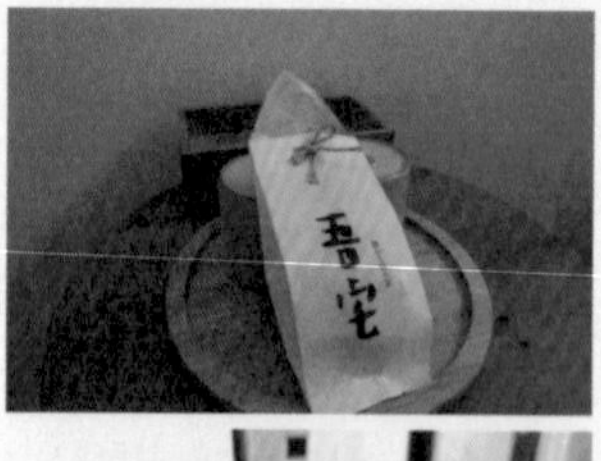

晚上更能觀星賞月，白天晚上各有不同樣貌，味道也完全不同。

吾宅老闆娘是熱情的台南人，早上睡飽飽就在餐桌前一起邊吃邊聊，聊到台南美食就沒完沒了。此次入住讓人相當滿意，舒適的住宿環境，房價卻相當親民，CP值很高，誠摯推薦前來一宿。

私房話老實說

台南民宿較走親民實在路線，或許跟地域性、消費客源與民宿主人的背景都有相關，不過出外時能住到自己覺得舒服的家很重要！

吾宅

W wuhouse9999.pixnet.net/blog

A 台南市安平區建平路與怡平路交街口

P 0977-014625

推薦房型 京都和式房 **定價** 6600 元

（各房型之實際優惠房價，請洽詢各飯店官方網站或客服人員。）

很喜歡這樣子的天井設計，讓午後陽光盡情灑進屋入，很想就賴在這裡。

比家還舒服 @From House 發浪家

發浪家是四層樓透天厝，地理位置極佳，戶外即是交通方便的大路，但又沒有臨近大路的吵鬧，旁有小公園，聽說這一帶是台南有名的別墅區，附近很多特色建築。

民宿一進門是挑高客廳，大片透光玻璃讓整個空間顯得很明亮，到了晚上拉下窗簾，點亮紅酒櫃，整個氛圍又不一樣！民宿主人雖然不住在這裡，但小管家從上午九點到下午六點都在，大廳為公共空間，開放到晚上十點，一旁備有台南相關旅遊資訊。

我們入住的晴海星辰四人房在四樓，格局特殊，類似房中房，有兩個獨立區塊，如此設計考量到年齡較大的小孩，與父母出遊都希望有自己的空間，這樣的規劃近似連通房概念，兩間都有自己的空間與電視，也可以讓孩子在旅行中有自主的感覺，互不打擾，也很適合兩對情侶、或朋友一起入住。此外，民宿主人在安平老街裡另有一間復古懷舊的老屋：裁縫師會館，吃喝玩樂都方便，前往台南一遊的朋友，可以依據自身行程來安排住宿點。

From House 發浪家
W fromhouse.okgo.tw
A 台南市中西區湖美一街
P 0978-661992
推薦房型 晴海星辰四人房 **定價** 3300 元
（各房型之實際優惠房價，請洽詢各飯店官方網站或客服人員。）

私房話老實說

雙房雙陽台，交通方便好停車，乾淨舒適空間又大，服務親切，價格平實，雖然要爬四層樓，但也沒什麼可挑剔的了！

高雄

港都悠遊物語

南台灣的冬陽，衝！

每年春節待在台北都覺得過年氣氛愈來愈淡，若遇到連日陰雨綿綿，只能望著濕冷的窗外，裹著棉被在家看電影，冷冰冰的懷念溫暖陽光！南台灣高雄是一個極適合享受暖冬自由行之處，特別在高鐵通車後，大高雄一日生活圈完全不是夢。如果覺得難得下一趟高雄，安排兩日遊更顯得輕鬆寫意，高雄愛河燈會煙火秀、美濃看花海吃粄條、蓮池潭搭鴨子船逛市集、旗津騎單車上渡輪嗑海鮮、大樹佛光山佛陀紀念館祈福、田寮月世界欣賞泥岩奇景等等，皆為熱門景點，港都之美，融合了當代與古典，兼具多元的文化視野角度，不同於城市氣味濃厚的台北，臨海的高雄有著獨特的直率、熱情之美，思維空間寬闊，足以讓每個人建構屬於自己港都物語。

在地激推美食

鹽埕區美食

鹽埕埔站周邊是高雄老牌小吃的大本營，一日之計在於晨，尤其營養豐富的台式早餐我最愛，一切就從人氣早餐店拉開序幕！

人氣早餐．田記豆漿 × 興隆居：田記豆漿採自助式取餐，再到櫃台排隊點飲料、結帳。煎餃和蛋餅都是搶手貨，而我們將紅豆酥餅、蔥酥餅、肉餡酥餅一網打盡，口味都不錯，鳥大叔覺得蔥燒酥餅最香、最對味；朋友說冬天一定要來碗鹹豆漿，那才是極品！

興隆居的燒餅蛋，不油不膩香酥可口，鮮肉湯包也是人氣招牌，份量不小且富含湯汁，光看外表完全看不出來如此飽滿多汁。

在台北吃豬腸配冬粉，到高雄吃腰子配冬粉，花樣不同但一樣美味。

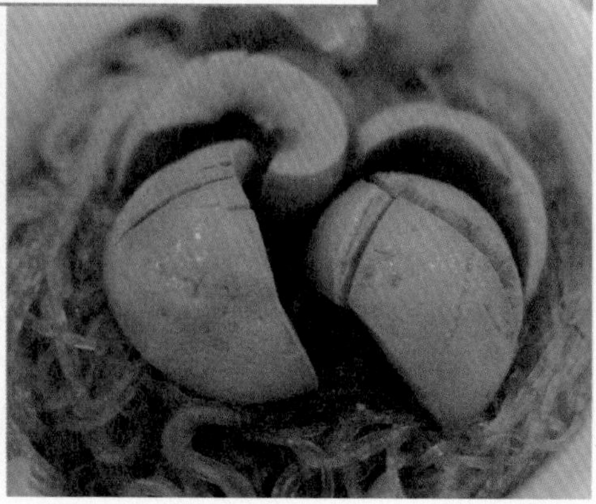

冬粉王：古早味冬粉王的招牌乾冬粉，便宜味美，另一招牌番薯飯，粒粒分明；赤肉湯湯頭鮮甜；腰子加豬肝切盤，更是味道、口感俱佳。

碳烤三明治：著名老店，客人很多，第一件事是拿號碼牌，再慢慢考慮買幾份，耐性等待是一定要的。本店營業時間晚，適合外帶當宵夜場，賣點在於碳火烤的三明治、嫩嫩的現煎蛋和自製沙拉醬，簡簡單單卻有豐富的味覺層次。

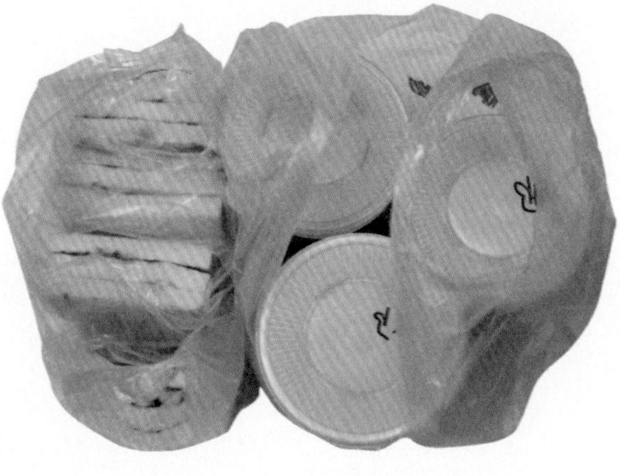

食

田記豆漿
A 高雄市鹽埕區新樂街 75-3 號
P (07)5512136
T 05：00 ～ 11：00 ／每月 20 日店休

興隆居
A 高雄市前金區六合二路 186 號
P (07)2616787
T 03：00 ～ 11：00

冬粉王
A 高雄市鹽埕區七賢三路 168 號
P (07)5514349
T 09：00 ～ 20：00

碳烤三明治鹽埕老店
A 高雄市鹽埕區大公路 78 號
P (07)5610262
T 07：00 ～ 11：00、18：00 ～ 24：00

牛老大牛肉館

牛老大有多種牛肉現炒料理，據説牛肉由台南牛肉屠宰場每日新鮮直送，難得時間充足，當然要來桌牛肉涮涮鍋，慢慢品嘗。

行家吃法 碗底舖薑絲，上面放點牛肉，把熱騰騰的高湯淋下去，攪一攪就是美味的牛肉下水湯。不用怕牛肉涮過頭，不過有一個要訣，就是牛肉不能放多，否則高湯溫度不夠力，無法把牛肉全部泡熟。

牛肉涮涮鍋基本盤，凍豆腐、豆皮和高麗菜，湯頭夠鮮甜！

私房話老實說

牛老大的另一樣招牌是新鮮花枝漿，下鍋燙熟就是新鮮有彈性的手工花枝丸！此外，也有網友分享餐畢後，可將吃不完的白飯下鍋煮粥，下回造訪可以一試。

手工現切的新鮮牛肉片。

份量十足 @無店名酸辣麵

店址在左營大路上龔家楊桃湯巷內，巷口就能看到外帶等麵人車。小菜不錯，辣椒醬、辣油均優，麻醬乾麵麵條有寬細麵可選，超大碗，份量十足！底層麻醬、中間一堆麵、上層加淋肉燥，個人很愛。過去我不愛酸辣湯，酸辣麵亦同，但本店的酸辣麵真好吃，而且份量超足，一人點一碗麵，拚一下才吃的完。

水餃好吃，蒜茸沾醬讚！

大叔在龔家楊桃湯買了小杯楊桃湯，濃度適中可口。

牛老大牛肉館

A 高雄市前金區自強二路 18 號（五福路前 10 公尺）

P (07)2819196

T 11：30 ～ 14：00、17：00 ～ 22：00 週一店休

龔家楊桃湯

A 高雄市左營區左營大路 217 號

P (07)5850152

T 24 小時

無店名酸辣麵

A 龔家楊桃湯巷內

T 11：00 ～ 14：00／週日店休

份量超足的酸辣麵
和麻醬乾麵

醬樣卡好玩

一日遊

DAY 1 台北↓高鐵左營站↓蓮池潭↓捷運美麗島站↓愛河畔飯店 check in↓駁二特區（or打狗鐵道故事館）↓旗津（or柴山）↓高雄愛河燈會

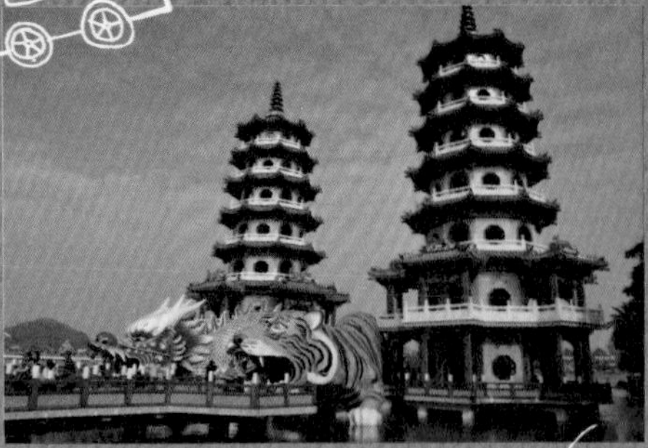

DAY1 蓮池潭

一大早搭高鐵到左營站，租公共腳踏車一路騎到蓮池潭，看看慈濟宮對面的龍虎塔。入龍喉出虎口，消災解厄增吉祥，每逢春節，蓮池潭還有熱鬧的農特產和特色市集，也可以搭乘觀光小火車或天鵝船，水陸二用鴨子船目前只有蓮池潭線可以嚐鮮。

有亮點！捷運美麗島站

結束蓮池潭行程，回到左營站搭捷運紅線到美麗島站，此為高捷紅線和橘線的交會點。著名的光之穹頂曾被美國旅遊網站評選為全世界最美麗的十五座地鐵站中的第二位，由義大利藝術家水仙大師創作，位於地下車站內，是世界最大單件玻璃藝術，中間二根柱子一陰一陽，上方的穹頂延伸出水、土、光、火等四大主題，圖像包含宇宙的誕生、成長、榮耀與毀滅，值得大家細細品味解讀。

老江紅茶牛奶 × 小暫渡米糕金
從美麗島站一號出口走到南台路口，可以抵達老江紅茶牛奶，紅茶牛奶搭配半熟蛋黃的肉鬆三明治，是不錯的早午餐選擇，附近還有小暫渡米糕金的四神湯也可考慮，黑白切種類多，四神湯湯鮮美，小腸 Q 彈。

五星必去！駁二特區

午場與傍晚行程，體力好的就從美麗島站搭捷運到鹽埕埔站，租公共腳踏車晃晃駁二特區看看展覽，再一路騎到鼓山渡輪站，連人帶車旗津吃海鮮看夕陽。從捷運鹽埕埔站一出來，過個馬路就是熱鬧的駁二藝術特區，一間一間倉庫改建的餐廳和展覽場地，除了彩繪牆面和藝術街道，還有許多彩色人形玩偶，而近年全台霜淋淇大流行，本東倉庫商店也有冰淇淋可吃，每天口味不同。從駁二的單車道出發，一頭通往愛河邊、真愛碼頭、光榮碼頭、八五大樓和新光碼頭星光水岸公園，最遠通到統一夢時代。我們往西子灣站方向騎，這一頭通往漁人碼頭和打狗鐵道故事館，也可以到鼓山碼頭渡輪站。

打狗鐵道故事館

打狗鐵道故事館位於捷運橘線西子灣站 2 號出口，現址原為台鐵高雄港站，也是最早的高雄車站。室內展出許多珍貴鐵道文物，有貨單木櫃、車票櫃、鐵道部木桌、日本時代零錢座、路牌套、空襲服務證、嚮導員證等等文物展示。

坐船到旗津吃海鮮

旗津的海鮮名店眾多，除了傻傻分不清的萬二和萬三之外，中洲渡船站正對面的海濱和金聖春也有在地人推薦，當日最好評菜色是鮮蝦、螃蟹、烤花枝和金瓜米苔目。

搭高捷趴趴造

體力差一點的，建議直接搭到橘線終點西子灣站，先在 2 號出口的打狗鐵道故事館晃晃，然後租電動車，同樣搭渡輪到旗津騎單車吃海鮮。

柴山

如果有在地人帶路，建議避開旗津的遊客潮，到柴山景觀餐廳吃點心喝下午茶，這條路線是私房替代方案。

老江紅茶牛奶

A 高雄市新興區南台路 51 號
P (07)2877317
T 07：10 ～ 02：00

小暫渡米糕金

A 高雄市前金區自立二路 19 號
P (07)2825088
T 09：00 ～ 17：00

高雄愛河燈會

如遇春節期間遊高雄，晚場最大盛會當然是真愛碼頭、光榮碼頭和愛河二岸的高雄燈會，活動期間天天施放環港海上煙火秀，璀璨亮麗，恰好為一天行程劃下完美的句點。

私房話老實說

高雄公共單車的熱門租借站非常搶手，建議先用手機 APP 查詢即時租賃站現況，才好安排行程，而捷運鹽埕埔站裡就有私人出借站，電動車、親子車、協力車任君選擇。

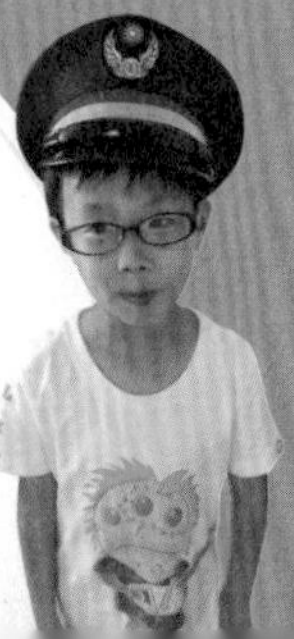

DAY2 美濃花海

每年春節期間是美濃花海彩繪大地的季節，第二天建議大家回左營站租車（當日租還／二日遊也可以從第一天就開始租），開車直上國道10號，從旗山交流道下，先到美濃小鎮吃客家粄條當早午餐，再開始遊車河、賞花海。

客家粄條客菜：到美濃吃粄條，千萬不能錯過煒到軟綿入味的高麗菜封和冬瓜封，在地經典口味，推薦必點！

彩虹花田：台28線接140縣道路邊就會開始出現彩虹花田，鎮上幾乎處處是花田，而且會特別留下供遊客拍照取景的小徑。在藍天白雲的襯托下，金色陽光灑下，彩虹花田讓人有不虛此行的滿足感。

美濃花海節剛好是橙蜜香小番茄的產季，行經農家時不妨抱一箱回家過年配電視，產地現摘現買最新鮮！回程的下午場可順遊旗山小鎮，先到糖廠吃冰，旁有老舊的彩繪小火車和車頭展示（據說是退役的運蔗小火車頭）。

二日遊
DAY 2 退房→高鐵左營站租車→美濃花海→美濃粄條客家菜→旗山老街→高鐵左營站

旗山老街

高雄旗山是台灣香蕉的故鄉，香蕉產業曾為旗山帶來了財富與繁華，如今產業轉型為香蕉觀光城，周邊商品如古早味香蕉冰、香蕉蛋糕和香蕉泡芙等等，都成為名產小吃。除了朝林六十年老店楊桃杏仁露、吉美香蕉蛋糕／吉美泡芙，在大叔的行前功課裡，旗山還有許多覓食目標：豬舌冬粉香菇肉羹、李家／郭家當歸鴨麵線、洪家壽司、許家豆花湯圓、吳記／屏東肉圓、阿Q凍圓、天后宮黃家手工饅頭、媽祖廟後臭豆腐／蚵仔煎／古早味麵線糊、鄭家陽春麵、鑫鱻獨家紹興炒飯、阿婆雞排、宜芳小吃魷魚、鴨蛋刺、魔法阿嬤常美冰店、黃家雞肉飯、牛婆米粉炒等等。

南台灣大高雄有高鐵／台鐵＋高捷＋公共腳踏車和完整單車道，交通便利行程好安排，好吃好玩就等著大家一起規劃與享受！

來去住一晚

義大世界兩天一夜才夠 @天悦飯店

前往高雄義大世界，建議入住園內飯店，好好享受義大世界二日輕鬆遊，有得玩也有得逛，大人血拼小孩玩耍各取所需。義大世界大約分三個區塊，一進去的A區有皇冠、天悦飯店、餐廳商店、摩天輪，中間B區有戶外123廣場、主題餐廳商店街Outlet、羅馬天幕區，最裡面的C區則是義大遊樂世界。

我們入住的是四人家庭房，空間超大，兩小床加一大床還有很大的客廳空間，浴室乾溼分離，房內備品一應俱全。

晚間時段我們兵分兩路，一路留在遊樂園內看夜間花車巡遊和火山噴發，另一路還在購物中心瞎逛，購物中心是女人的天下，這裡的Outlet，每個櫃位空間都很寬敞，服務人員親切。

義大世界

義大遊樂世界分為三大城區，大衛城、聖托里尼山城和特洛伊城。大衛城是義大世界的入口大城，裡面有評價不錯的魔幻馴水師、4D身歷奇境、皇家劇院和小明星夢工廠等等表演和設施；至於特洛伊城室內全是適合小小孩的遊樂設施，記得在二樓拿表演節目表，才不會玩到忘記看表演或遊行。

義大世界是親子遊的熱門景點，小孩有得玩大人有得逛，假日期間人潮勢必洶湧，想安排義大假期的父母，建議提前訂房並規劃遊園動線和觀賞表演節目的時間，有效善用時間，才能孩子玩得盡興，大人也能逛得開心！

高雄義大世界
W www.edaworld.com.tw
A 高雄市大樹區三和里學城路一段 12 號
P 0800656077

義大天悅飯店
W www.edaskylark.com.tw
推薦房型 天悅家庭房 定價 13000 元
（各房型之實際優惠房價，請洽詢各飯店官方網站或客服人員。）

走出大衛城接著是聖托里尼山城和幾項大型的戶外遊樂設施。

私房話老實說

華王飯店的晚餐好吃豐富又有特色，早餐以簡便為主，而飯店附近有幾間人氣早餐可以再做補強。

愛河邊 @ 華王大飯店

華王大飯店是高雄愛河畔的老字號旅館，曾為了迎接高雄世運而重新整修，新裝潢中可見復古痕跡，反而風格獨具。我們入住十一樓的高樓層四人房，空間頗大，窗外往左看是愛河，前方是八五大樓和天主堂，右邊是碼頭，飯店本身有提供腳踏車租借，騎去愛河邊或是駁二特區都很方便！

這天直接在飯店一樓的波麗露西餐廳用餐，餐廳請到香江名廚坐鎮，現點現作港式飲茶及歐式自助餐吃到飽，第一回合點菜建議是港點三樣搭配熱炒三樣，當天最好評的菜色是頂級蝦餃皇、飄香流沙包和家鄉咕咾肉；而歐式自助 Buffet 的菜色選擇性多，允嘉和妹妹各有所好。這一頓別具特色與豐盛的晚餐，正好讓一日行程下來的疲累得到釋放！

單點的港式點心和精緻熱炒吃到飽，廚師在開放式廚房現點現作。

六月在愛河邊散步，還可欣賞黃金雨阿勃勒和火紅鳳凰花美麗姿態。

高雄華王大飯店
W www.hotelkingdom.com.tw
A 高雄市鹽埕區五福四路 42 號
（捷運鹽埕埔站 3 號出口）
P (07)5511515、0800-558288
推薦房型 雅致四人房 定價 7920 元
（各房型之實際優惠房價，請洽詢各飯店官方網站或客服人員。）

墾丁

相約國境之南

陽光．沙灘．比基尼，我來了！

雖然從北台灣殺到國境之南墾丁的路途遙遠，但每隔一兩年還是會忍不住攜家帶眷，安排一趟充滿陽光沙灘比基尼的小旅行。有鑑於陽光毒辣，所以我們偏好在旅遊旺季的前後成行，偶爾於五、六月提早出發，偶爾則在淡季的十一、十二月造訪，不僅可以避開豔陽與人潮，更能重新感受墾丁更寬闊的真實生活面。前往墾丁建議搭高鐵再轉租車方式，省時省力且機動性較高，過往帶允嘉哥來吃喝玩樂，只要在陽光沙灘踢踢水就很滿足，今年野馬妹初訪墾丁，沒想到壓根是名小海女，對於海有莫名的熱情，或許在她的性格裡，與墾丁有著氣味相投的默契，也或許這只是開始，未來我們一家將有更多機會在國境之南，自在悠遊！

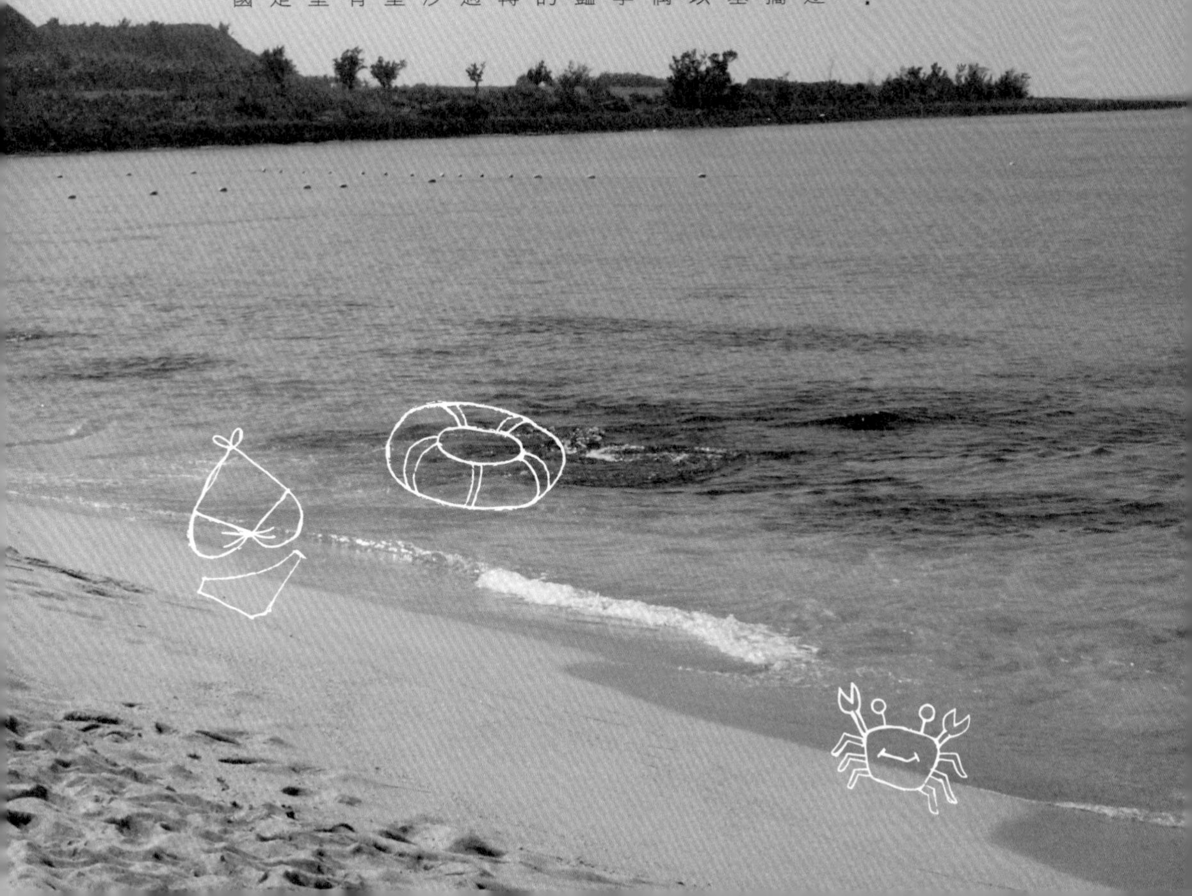

在地激推美食

鴨肉蔡

恆春冬粉鴨．鄉村×貞好×鴨肉蔡

鄉村冬粉鴨的酒味較重，招牌的冬粉鴨以外，還加了一碗鴨肉飯，扒上一口，令人驚艷。切了一大盤滷味，米血、雞肝、豆干、鴨翅，味道都不錯，口感一流。

貞好冬粉鴨

鄉村冬粉鴨

鴨肉蔡

鄉村冬粉鴨

燻鴨肉很香，白飯加淋鴨油，搭配微甜的嫩薑及炸得脆脆的油蔥酥，允嘉愛死了。

位於西門旁的恆春冬粉鴨（貞好冬粉鴨），看到此處街景，想到當年紅透半邊天的《海角七號》，有如身歷其境，本來只買了鴨肉，因為氣味絕讚，後來加碼了鴨腳和百頁豆腐。

最後攻陷的鴨肉蔡生意很好，不同於常見的煙燻口味，而是肉質相當鮮嫩多汁的鹹水鴨，鹽水口味相當耐吃，鴨肉不柴且鮮嫩多汁，越咬越涮嘴！除了招牌冬粉鴨、鹽水鴨，還有快炒及海產，選擇眾多，清甜的冬粉鴨湯頭很適合搭配重口味的快炒。

隨處是餐桌的百年老宅 @白羊道柴燒麻糬

白羊道柴燒麻糬位於恆春中山老街上，在百年古厝內吃柴燒麻糬配紅豆湯，感覺非常特別！尤其我們是在快打烊時才進來，雖然入夜後看不清楚後花園全貌，卻反而多了神秘的氛圍！

店內走健康原味路線，店頭陳列大多是台灣小農的無毒或是有機食材，手寫黑板菜單上有單點麻糬和天然飲品，也可直接選推薦套餐。這裡的麻糬特色為柴燒蒸米，不用瓦斯，吧台區是老闆手工捏製麻糬的地方，現點現做。吧台區適合與老闆聊恆春、談理念，往裡頭鑽的用餐環境走復古風，廚房、出餐口也不放過，晚上在此用餐很有懷舊氣味！

在廚房內用餐，可看到有著歲月刻痕的鍋碗瓢盆。

鄉村冬粉鴨
A 屏東縣恆春鎮福德路 28 號
P (08)8898824
T 17：00 ～ 02：00
隔週日店休

貞好冬粉鴨
A 屏東縣恆春鎮西門路 12 號
P (08)8895578
T 17：00 ～ 23：00（平日）
12：00 ～ 14：30、17：00 ～ 23：00（假日）

鴨肉蔡
A 屏東縣恆春鎮恆南路 71-3 號
P (08)8898226
T 17：30 ～ 20：00
週日店休

白羊道柴燒麻糬
A 屏東縣恆春鎮中山路 188 號
P (08)8899992
T 13：30 ～ 18：30
週二～週四店休

私房話老實說

店內食材用料新鮮，料也給的多，沒有過多調味，讓人會想再次上門嘗試其他菜色。

舞動八隻手的美味 @迷路小章魚

迷路小章魚面對南灣，餐廳是租借民宿一樓空間來營業，是一間有供酒的餐酒館，視野最棒的是前方開放式面海廚房，有炒檯煎檯冷檯與炸檯，忙起來的時候就像大家都是將八隻手都用上的章魚。

用餐座位區退居中後段，利用回收舊木製作餐桌，雖然視線不及蔚藍大海，但可以看到廚師們專注的料理演出。午、晚餐有不同菜單，前菜份量較少，主食約是一人份，我們點了妹妹最愛的微微辣蛤蜊軟絲義大利細扁麵，原汁原味就好吃！後來追加了牛奶蒜香蛤蜊湯及櫻花蝦薯條，盡是海味，湯鮮味美，櫻花蝦裹粉在薯條外皮上去炸，滋味特別！

招牌、門上與牆壁彩繪都是呼應店名的八爪章魚。

小小的LP貝外觀實在太有梗，烏大叔說吃起來口感QQ脆脆的。

現撈海鮮．漁夫料理 @紅柴坑漁港

漁夫料理海產店位在紅柴坑漁港，特色是擁有自家漁船的現撈海鮮。招牌蒜味煎魚，口感像是半煎炸，搭配蔥蒜醬油；汆燙小章魚，新鮮Q甜；每回必吃的雨來菇，喜歡它的口感，尤其喜歡加蛋一起拌炒，十足南島氣味。

小熊手工饅頭工作坊 @滿州鄉一心茶園

好吃的滿洲港口茶與萬丹紅豆手工包子，是參加茗茶遊活動時發現的隱藏版團購美食，行程中先進行生態導覽與茶葉採摘，再去港口茶園參觀品茗！沒想到除了賣茶，還有手工包子與饅頭，雖然供不應求，每天還是只做一包麵粉的量，該說他懂生活、知所調適，還是純興趣？現場吃了茶戀饅頭跟紅豆手工包子，饅頭有茶香，越嚼越清甜，手工紅豆包的外皮添入自家生產的港口茶，內餡飽滿，來自萬丹紅豆做成的豆沙泥完全不甜膩，不乾不沙仍保有顆粒感！可惜肉包下午兩點才出爐，數量不多，多是接單才製作，想吃的朋友最好先電話預約或來電詢問，以免撲空。

迷路小章魚餐酒館
A 屏東縣恆春鎮南灣里南灣路 68 號
P (08)8882822
T 12：00～15：00、17：30～21：00（週一～週五）／12：00～16:00、17:00～21:00（周末假日）／每週三店休

漁夫現撈海鮮
A 屏東縣恆春鎮山海里紅柴路 11-2 號
P 0920761632
T 11：00～14：00、17：00～20：00 週三店休

小熊手工饅頭工作坊
A 屏東縣滿州鄉港口村公館路 16 號
P (08)8801280
T 14：00～18：00

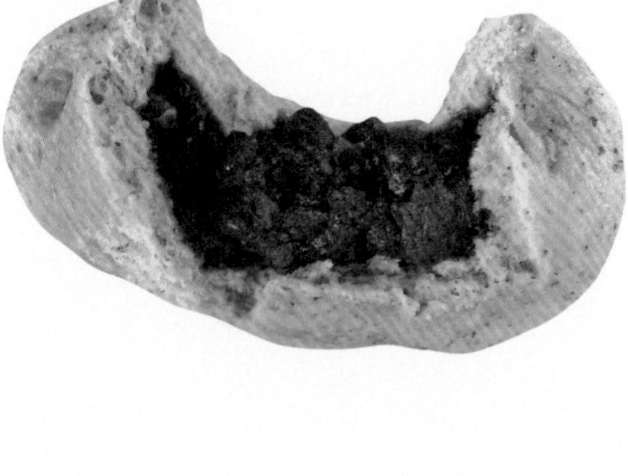

醬樣卡好玩

踏浪戲沙 @白沙灣

幾次來墾丁玩沙，我們都捨棄熱門景點，選擇人少較乾淨的白沙灣。聽朋友說白沙灣雖然人少，但水深落差較大，要特別注意小朋友的安全。如果待的時間夠長，建議租椅子與大陽傘，不然就要帶上野餐墊才能久坐。

小朋友的最愛 @海生館

這裡是年輕人和兒童的天堂，除了超大水族箱，還有規劃觸摸區，讓小朋友親身體驗海洋動物的觸感。近幾年還有推出夜宿海生館的活動，對小朋友而言，一定是難忘的經驗，在導覽人員帶領與介紹之下，可以學習更多海洋物種的生態與保育觀念。

家裡養不起的海底隧道。

墾丁大街

墾丁大街與台北各大夜市如出一轍，最In的商品通通有，海灘必備用品如T恤、海灘褲、遮陽帽更是三五步就一間。由於是熱門景點，往往被人潮擠得水洩不通，一般攤位生意都不錯，也有不少異國料理餐廳，第一家石板烤肉的香氣就讓我忍不住下手，每遇到石板烤山豬肉必淪陷，內心深感罪惡啊！

賞景觀星好所在 @龍磐公園

記得數百年前曾來過龍磐公園，再次造訪心中仍有開闊舒暢的感受，這裡風大，但景色優美，居高臨下的崩崖地形很是壯觀，同時也是觀星的好所在。因為已經是知名景點，有遊客聚集，夜遊觀星相對較為自在、安全。

望海台下方的山海漁港，就是傳説中的「台灣小希臘」，傍晚可看到不輸關山夕照的日落美景。

台灣小希臘 @ Ocean Paradise

海境度假民宿

海境度假民宿位在山海漁港和紅柴坑漁港附近山坡草原上，山路僅三至五分鐘，距離兩個漁港車程約十分鐘，離恆春市區不遠。因為佔地大，所以有鐵門管制進出，有點豪宅的fu，隱密性極高。當車子開進民宿大門，不禁令人震憾，佔地十三公頃的原始大草原，根本像是牧場，位於制高點上，可以看草原日出、海景夕陽和恆春夜景（管家説半夜還有月光海），往下望是傳説中的台灣小希臘漁港，四處皆為美麗絕景。

往左手邊繞上去是民宿主建築，兩棟純白相望的建築結構，民宿牧場草原上有景觀池，晚上可以看見民宿與滿天星空的倒影。而民宿正前方的景觀台，看出去是大草原，面向東方，隔日一早想看日出的朋友，走出房間直接在此集合即可。

海境全部皆為海景房，每間房都有露台可以觀星和夕照，我們入住一樓四人房「白雲」，坪數大，光線充足，裝潢簡潔乾淨，房間備品一應俱全，另貼心提供可帶走的拖鞋，大小朋友的Size都有！由於民宿位在恆春西部制高點，後方的「望海台」面向西邊的台灣海峽，可以看到關山、紅柴坑到萬里桐的整段西海岸線，所以海境最厲害的是提供了日出日落、月出月沒時刻、甚至有流星群預測表。如果像鳥大叔這類愛好攝影的朋友，住在海境應該可以從夕陽、夜景星空、月光海、一路拍到草原日出，一刻不停將周邊美景全數保存在記憶卡裡，留待未來慢慢回味、品嘗！

墾丁海境度假民宿

W www.oceanparadise.com.tw

A 恆春鎮山海里紅柴路 2-6 號

P (08)8869638、0934-135888

推薦房型 海景四人房 定價 7200 元（平日）、8800 元（假日）

（各房型之實際優惠房價，請洽詢各飯店官方網站或客服人員。）

私房話老實說

海境是自成一格的墾丁崖上大莊園，擁有碧綠的草原牧場、來去自如的牛群、可愛的臘腸狗家族和時刻變化的山海美景……無處不充滿了閒適慢活的度假氛圍。

房間陽台直通貝殼沙灘 @夏都沙灘酒店

夏都沙灘酒店是墾丁的指標飯店，身邊攜家帶眷來過墾丁的友人幾乎都住過，而且回訪意願極高。這次我們連住兩晚，除了夜晚到墾丁大街閒晃與第三天早上參加季節限定的館外茗茶遊之外，可以說吃喝拉撒全部時間都待在裡面，享受國境之南的海洋風情，陽光沙灘、無邊際泳池、兒童遊樂設施、各項免費／付費休閒活動，三天兩夜還玩不完。難怪許多好友都說每年會安排時間全家來夏都度假，順便撥點時間賴在沙灘上發呆，享受在城市裡永遠無法擁有的平靜。

這裡分為普羅館、馬貝雅館和波西塔諾館等。波西塔諾館離墾丁大街最近（走路三至五分鐘內），馬貝雅館位在夏都中心點，普羅館離泳池最近，三個館的一樓海景房的陽台都直達最有名的貝殼沙灘，館內設施各有不同，風格就看個人喜好。

第一天入住普羅館一樓的海景雙人房，裝潢風格簡約，也有活潑的用色，據說夏都重新裝潢設計普羅館雙人客房所費不貲，難怪房內裝潢和寢具用品都很新穎，雙人床更是一等一的大！而乾濕分離的浴室沒有浴缸，但房間中央作了洗手檯與拉門，不僅方便，空間感也有變大。

來夏都強烈建議選住一樓，陽台出來即是泳池、沙灘，陽台還有水龍頭以供沖腳，非常方便，怎麼拍怎麼美的無邊際游泳池，外頭是美麗的墾丁大灣沙灘，游泳、玩沙、踏浪都沒問題。泳池後方是溫水 SPA 水療池和健身房，十一月初的天氣仍屬溫暖，下午陽光會變成舒適等級，正好適合下水；如果風大一點，建議讓小朋友待在一旁的兒童戲水池，與 SPA 水療池一樣都是溫水。

房客獨享的沙灘茅草傘和躺椅，宛如置身國外海島度假，可以放空一下午。

墾丁大灣沙灘是由夏都酒店維護，沙灘很乾淨，加上有救生員，帶小朋友來顯得安全許多。貝殼沙灘沒有任何油電動力的水上摩拖車或香蕉船，只允許風帆和獨木舟，怕熱怕曬，沙灘樹下還有吊橋、搖椅甚至發呆亭，房客可以向泳池服務站借玩沙工具，大嬸去享受 SPA，大叔就陪著野馬妹玩到夕陽西下。

單單只是玩水踏浪游泳，還有許多體驗活動任君選擇，端視個人時間隨性安排（射箭和親子 DIY 要事先報名），推薦專屬小朋友的兒童營，小孩有人幫忙帶開，媽媽可以偷閒做 SPA。如果想玩不一樣或有地方特色性質的，也可以預約館外生態之旅半日遊，每個季節都有不同的主推活動，極為精彩。

週五六日才有的兒童營，由大哥哥大姐姐幫忙帶開孩子，每天兩個時段是上午九點跟下午三點，年齡介於六至十二歲的孩子皆可參加，家長不必跟隨，主要進行生態講解與手作 DIY，部分水上活動視小朋友的體能狀況進行調整，這些熱情有活力的大哥哥大姐姐，真是讓父母恩愛度假的好幫手，顯見夏都試圖讓所有入住旅客皆能擁有多重享受與各種體驗的決心！

墾丁夏都沙灘酒店
W www.ktchateau.com.tw
A 屏東縣恆春鎮墾丁路 451 號
P (08)886-2345
推薦房型 普羅館雙人客房 定價 10300 元
（各房型之實際優惠房價，請洽詢各飯店官方網站或客服人員。）

私房話老實說

帶小孩來夏都真的玩不完，除了付費的兒童營、親子 DIY，還有免費的彩繪沙畫、串珠手鍊、種子吊飾、及貝殼鑰匙圈等等不定期推陳出新的活動，如果有體力，每段時間都可以填滿滿！

東台灣篇

在山與海的交匯處，
和相繼而來的旅人，一起緩步慢行，
蒐集寧靜日常裡的生活片段。

理想生活，慢城紀實——宜蘭

品味在地豐饒時光——宜蘭 II

最美海岸線上的呼吸——花蓮台東

田野、山林、日光、海岸線……

好好享受一個慵懶的清晨，
沿著陽光的步伐持續往前，
源自山林田野的涼風徐徐吹拂，
一碗湯、一首民謠、即能成為
一種理想的生活。

宜蘭

頭城、礁溪、員山、宜蘭市

理想生活，慢城紀實

宜蘭兩天一夜小旅行，GO！

宜蘭好玩好吃的地方太多，除了到礁溪泡湯、在幾米廣場悠轉，或是到外澳海灘戲水踏浪，膽子大的人更可以挑戰飛行傘與衝浪；如果是純親子團，宜蘭社教館旁同慶橋下成排的盪鞦韆與龍潭湖風景區大碗公溜滑梯，絕不容錯過，保證孩子玩到瘋，賴著不想走！宜蘭地區非常適合北部人規劃兩天一夜小旅行，但是為防假日塞車，交通時間相形變長，建議安排平日前往較為適宜，請個兩天假，好好住上一晚，一早在滿是綠意的自然環境下甦醒，這是遠離台北走入郊外才有的田園景觀福利。

在地激推美食

店面分為吧台區、一般座位和二樓包廂，愈夜愈美麗。

深夜食堂．林北烤好 @礁溪

店址位於礁溪火車站前，出站直直走，過紅綠燈後右手邊就是小小的店面，附近不少溫泉飯店或公共泡腳池，根本是在引誘泡湯客宵夜小酌的深夜食堂。林北烤好除了各種口味串燒之外，還有飯、麵、鍋物、炒物、冷物和下酒菜，菜單選擇性頗多，如果不知從何下手，可請店員推薦，或是參考黑板上的本日主打，提高點餐命中率。

酒蒸蛤蜊只用清酒薑絲去燒滾蛤蜊，蛤蜊飽滿鮮美，湯汁鮮甜，推薦必點。

HOT

限時又限量的超牛B牛肉麵

@礁溪

本店一週只營業週末兩日，一天只賣三十碗，既限時又限量這麼牛B，用餐區在喜拉朵美式早午餐店的騎樓，喜拉朵中午十二點收工後就是超牛B的營業時間。老闆說目前只算家庭副業，無法做大，週一到週四幫忙家中事業，週五備料熬煮，週六、日賣兩小時，收工！

只賣牛肉麵 160 元和筋肉麵 180 元，不賣任何小菜。

湯頭利用四、五種蔬菜跟牛骨一起熬煮，鮮純好喝，當天的牛肉來自紐澳的牛鍵，較有咬勁，牛肉有厚度又帶筋，口感極佳，老闆說牛肉的選擇，視肉的品質而決定。筋肉麵的湯頭跟牛肉麵一樣，差異在肉的種類不同，這碗真的很筋肉，除了好幾塊純筋，也附了兩片牛肉，兩種感受一併體驗！

宜蘭NG牛舌餅・東南蜜餞舖

@宜蘭市

東南蜜餞是在地人才知道的老店，幫很多店家代工，來此採購一定要直接瞄準價目表中的NG包，份量十足，CP值超高！我家最愛黑糖與椒鹽口味，外表NG、形狀NG、夾心位置NG、價格NG、口味卻不NG，這可是在家看電視的最佳良伴！

林北烤好串燒酒場
A 宜蘭縣礁溪鄉溫泉路 48 號（礁溪火車站前）
P 0913051491
T 17：00 ～ 02：00

礁溪超牛 B 牛肉麵
A 宜蘭縣礁溪鄉大忠路 42 號
P 0988396397
T 13：00 ～售完為止（週六日）

東南蜜餞舖
A 宜蘭市城隍街 90 號
P (03)9323363
T 08：30 ～ 21：30

宜蘭好吃細麵三連發！
連吃三家才過癮

大麵章：沙茶麵

大麵章：餛飩魚丸麵

大麵章：陽春麵

火生麵店：乾粿仔

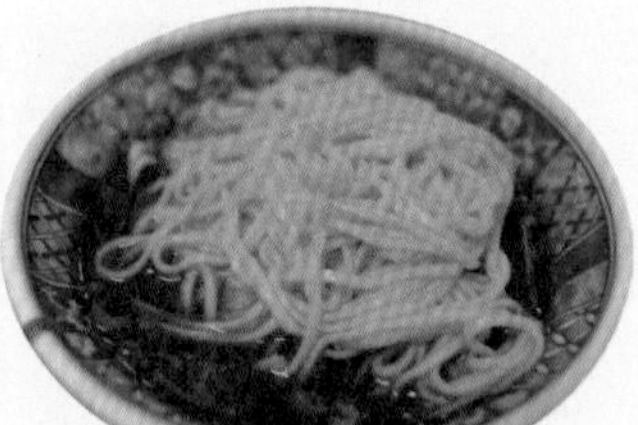

一香飲食店：炸醬麵

一香飲食店：麻醬麵

好吃宜蘭麵

@大麵章×火生麵店×一香飲食店×大麵章

如果提到宜蘭的麵店，不得不提屢次撲空的大麵章，現在由第二代接手，營業時間比較固定，因為生意太好，已經搬遷至附近的透天厝新店面，環境相對乾淨明亮，但是以前在宜蘭醫院正對面巷子，窩在攤頭吃宵夜的場景，就只能懷念了。大麵章單賣麵和湯，沒有小菜黑白切，乾麵有麻醬麵和沙茶麵，兩種都好吃，鳥大叔最愛沙茶麵。湯麵有陽春麵和餛飩魚丸麵，允嘉愛喝餛飩湯，這家的餛飩我也非常喜愛。

火生麵店 @宜蘭市

店面小小的不甚起眼，員工服務都很親切，我們點了麻醬麵、乾粿仔、綜合湯（餛飩魚丸）和炸豆腐乾。麻醬麵小小一碗，兩三口即可解決，湯汁很多，吃來不黏稠，雖然調味偏淡，但細麵條吸汁後十分滑順，好吃！綜合湯裡有魚丸兩顆、餛飩八顆，餛飩不大但肉餡帶鮮好吃，外皮口感滑順不會軟軟爛爛，魚丸則是口感偏軟，湯頭雖然灑了不少蔥蒜酥，調味卻清淡得宜。

一香飲食店 @宜蘭市

北館市場內的一香飲食店的名氣和口味都不輸大麵章，麻醬麵口味類似火生麵店，醬汁略為濃稠，調味稍重，好吃！餛飩現包，湯頭和餛飩都鮮味十足，用餐環境讓人有時光緩慢流動的感覺。

私房話老實說

幸好三家的份量都算迷你，但三家都好吃，而且都一張百元鈔解決，便宜又超值！而大麵章的麵和湯都很合我家的胃，是個人美食排名中名列前茅者。

大麵章
A 宜蘭縣宜蘭市新民路 24 號
P (03)9329652
T 14：30 ～ 01：00

火生麵店
A 宜蘭市神農路二段 3 號
T 08：30 ～ 20：30 ／週三店休

一香飲食店
A 宜蘭市康樂路 137 巷 7 號
（宜蘭醫院往前直走，碰到第一條巷子右轉，注意左手邊暗巷，看到用餐人潮即達）
P (03)9323289
T 05：30 ～ 17：30

醬樣卡好玩

窯烤山寨村＆哈利波特霍格華茲食堂 @宜蘭市&礁溪

窯烤山寨村以赤魁巨人妖怪和人類在遠古時代戰鬥的故事，作為景點由來，打從門口停車場開始，就出現巨人的腳印。入村前半段是開放式廚房和現作麵包甜點販售區，麵包除了名稱特殊之外，同時使用紅麴、三星蔥等在地食材。山寨村後半段為用餐區，需先登記座位。走進用餐區前需鑽過赤魁的胯下，城牆公布欄、被五花大綁的巨人、立體機動裝置和蘭陽防衛隊等場景字樣，都有「進擊的巨人」的fu！

礁溪四圍堡車站販賣五花八門的妖怪魔法風蛋糕、麵包和餅乾，往內走是傳說中的哈利波特霍格華茲食堂，餐廳上方藏了二十八隻貓頭鷹信差，桌椅壁畫吊飾聽說皆由國外運回，已經引起話題和新聞採訪，帶來許多觀光客。

最熱銷的是七十公分長的惡棍法國麵包，
特殊設計紙盒包裝，讓遊客可以揹著走。

一出場就引發騷動的赤魁屁屁堡，出爐時會先搖赤魁胯下的響鐘，再抬轎出場，十八吋的巨型漢堡實在誇張。

幾米廣場×丟丟噹森林＠宜蘭市

《星空》、《地下鐵》和《向左走向右走》等幾米繪本主角在宜蘭車站旁的幾米公園真實呈現，變成地景設計、牆壁彩繪和人物塑像組成的裝置藝術，旅人彷彿置身幾米的世界，空間雖然不大，但設計巧妙，環形步道結合吊環、鞦韆等童趣設施，將原本廢棄的空間活用，賦予新生命，轉為有趣的散步空間。丟丟噹森林位在車站正對面，鐵樹棚架下多了小男生小女生探頭的飄浮星空列車，這一帶有假日市集，後方更規劃了讓小孩玩沙兼溜滑梯的區域。

山寨村
A 宜蘭縣宜蘭市梅洲二路 140 號
P (03)9287788
T 09：00 ～ 19：00

四圍堡車站
A 宜蘭縣礁溪鄉礁溪路 7 段 72 號（火山爆發雞斜對面 / 頭城交流道附近）
P (03)9871122
T 10：00 ～ 19：30（平日）
09：00 ～ 20：00（假日）

幾米廣場
A 宜蘭縣宜蘭市光復路 1 號（宜蘭火車站）

不同於白天的熱鬧，
夜景版相對寧靜許多。

詢問度最高的河馬浴場（羅馬浴場），可以跟一群阿河泡湯。

WOW！整排盪鞦韆＆碗公溜滑梯 @同慶橋＆龍潭湖風景區

在河濱公園橋下設置盪鞦韆，真是絕妙的Idea！如欲前往同慶橋堤坊外的盪鞦韆，車子可以停在社福館周邊，從社福館二樓天橋過馬路到堤外河濱公園即可達。此外，礁溪最夯的龍潭湖風景區，最熱門的設施是大碗公溜滑梯，讓野馬妹玩到完全停不下來！

彩繪村搬進小澡堂——蔥澡 @礁溪

「蔥澡。礁溪小澡堂」是由休業六十年的老旅舍翻修而成的藝術家創作湯屋，部份湯屋有彩繪創作，也部分保留部分年長者較能接受的風格。每位藝術家創作的小澡堂都只有一間，插畫各具風格，在礁溪甚至台灣都非常少見，有其獨特賣點！老宅翻新加上獨特的彩繪牆面湯屋，應該可以在眾多的礁溪大小溫泉湯屋中，殺出重圍。

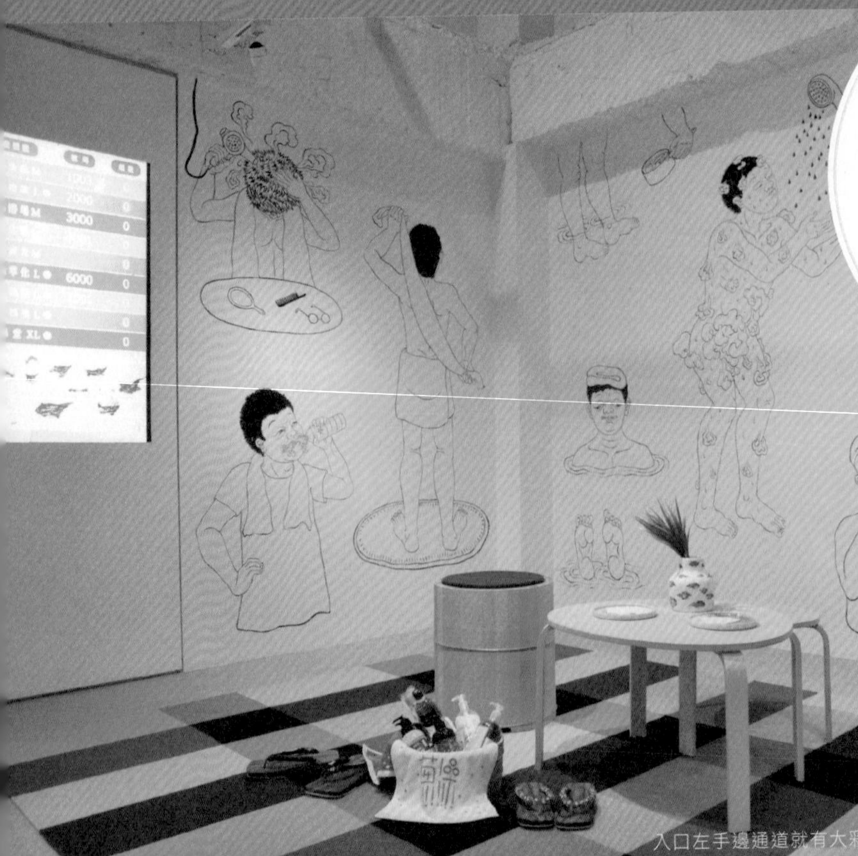

私房話老實說

河馬浴場的洗手檯、馬桶、淋浴和浴缸全在開放式空間，家庭來泡還可以，如果是兄弟／姐妹團一起來泡的話，上廁所會是問題……

入口左手邊通道就有大彩繪牆，算是蔥澡彩繪村的前哨站。

私房話老實說

賞鯨與環繞龜山島之旅船程至少兩小時以上，暈船者建議慎選座位，尤其當回程興奮感消失，體力耗盡的時候，坐在不舒服的位子可能比較危險……

烏石賞鯨 @頭城

來到頭城不可錯過的是，建築外觀仿造北關一帶海濱常出現的單面山礁岩造型的蘭陽博物館，以及沿著濱海再往北走的烏石港外澳海灘，這一帶除了戲水，沙灘排球、衝浪和飛行傘都有人在玩，更別遺漏了海上賞鯨體驗。烏大叔的繞行龜山島和賞鯨船初體驗，第一次出航就戰果豐碩，整群海豚在船頭領著賞鯨船前進，船身周邊也有海豚表演轉身三圈半，甚至有不少飛魚出來插花！

船艙座位區有冷氣空調，但其實甲板上有海風吹拂，只要避開陽光直曬，感覺很舒適。前方甲板座位是賞鯨視野最佳之處，海豚會大量集合在船身前方領航，大部分海豚集中在船身正前（下）方，船側的海豚也幾乎貼著船身前進，海豚的泳姿可以看得非常非常之清楚。

金車伯朗咖啡城堡 @頭城

開車經過頭城海濱或是前往蘭陽博物館時，一定會看到外澳服務區的金車伯朗咖啡館，顯眼的黃色建築和無敵的外澳沙灘海景，金車在宜蘭還有好幾個熱門的景點，例如擁有美麗蘭花無毒蔬菜和搶手鮮蝦的員山金車蘭花園、充滿本土酒香的金車威士忌酒莊、假日一位難求登高望遠的金車城堡花園一、二館等等。從外澳沙灘左轉山路而上至金車伯朗咖啡城堡，大約十來分鐘，雖然上山遊客多商機大，但金車公司還是秉持不蓋旅館民宿的原則，讓山林在夜間休養生息。推薦大家去新開幕的二館，入秋好天氣時坐在城堡後方的室外草坪區很舒服，有暖陽又不至於太熱，而最吸引人的，還是山上的新鮮空氣和無敵海景視野，室外或室內靠窗座位，龜山島都近在眼前，海天一色，不捨離去。

同慶橋
A 宜蘭市同慶街 95 號（社福館）

龍潭湖風景區——超大碗公溜滑梯
A 宜蘭縣礁溪鄉龍潭村環湖路 1 號

蔥澡。礁溪小澡堂
A 宜蘭縣礁溪鄉礁溪路五段 77 號
P (03)9876929
T 14：00～23：00（平日）
14：00～24：00（假日）

頭城烏石港蘭鯨號賞鯨
W www.hotweb.com.tw/blueship

金車伯朗咖啡城堡
A 宜蘭縣頭城鎮外澳里 8 鄰石空路 95 號
P (03)9699226
T 08：00～18：00（平日）
08：00～19：00（假日）

二館雖然在一館不遠處，但在景觀視野上獲得壓倒性勝利。

躺在龍貓懷裡睡大覺 @ iL行館

位於宜蘭員山的iL行館，始終抱持讓客人都能留下美好回憶的良善態度，也因為主人自身的高度品味與要求，民宿內裝等級比照自住規格。iL行館共有五間房，三間雙人房、一間四人房、一間六人房，雖然家庭房的比例不到一半，但為了營造親子同樂的幸福空間，也實現主人家自許的陽光天堂，民宿前後空地規劃了籃球場、足球棒球草皮區（連棒球手套、球棒跟球都準備了），後面則開闢了雙心生態池步道與無毒天然開心農場，未來還會有戲水區可以玩槍戰。

我們入住的六人房是閣樓格局，房間上方還開了天窗，晚上可以細數星空，整個空間共有三層平台，中間那一層是龍貓床，讓大小朋友都尖叫！房內以宮崎駿卡通為主題，如果是宮崎駿迷的人前來入住，應該會感到極為投入與享受。

除了專屬大露臺、臨窗吧檯位、飯店級名床等等，浴室空間很大，不僅有再冷也不怕的浴室換氣暖風機，竟然也有獨立音響喇叭（泡澡也可以聽音樂），豪華的雙人大浴缸，讓泡澡變得很享受！

男女主人為了追逐夢想，更為了下一代

的生活空間，帶著小孩來到鄉間，買地自建，秉持與更多人分享美好空間的心意下孕育而生的iL行館，確實很有溫度，就連園內栽種的植物也特別挑選可以展現四季之美的樣式，如櫻花、流蘇、桂花、光臘樹、紫葉槭、落羽松、鳶尾花等等，之後將會有戲水池、盪鞦韆等兒童遊樂設施的進駐。雖然當下對於他們的龐大規劃有點訝異，畢竟不是主打親子訴求的民宿，但女主人說這也是他們想要給女兒的生活空間，一語驚醒了夢中人！

私房話老實說

iL行館每一間都獨具品味與質感，尤其喜歡兩間家庭房，非常超值。

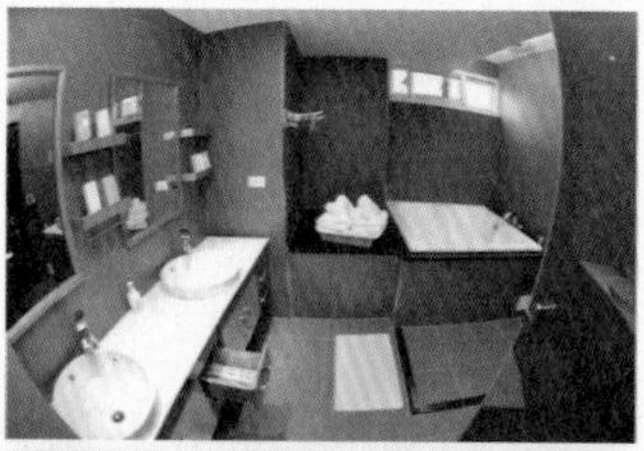

iL 行館
W www.ileisure.tw
A 宜蘭縣員山鄉賢德路二段 107 巷 22 號
P 0985045356
推薦房型 天空之城六人房 定價 9800 元
（各房型之實際優惠房價，請洽詢各飯店官方網站或客服人員。）

早餐以中式為主，配有主人親自去大溪漁港採買的現撈海鮮，餐後有飲料與水果。

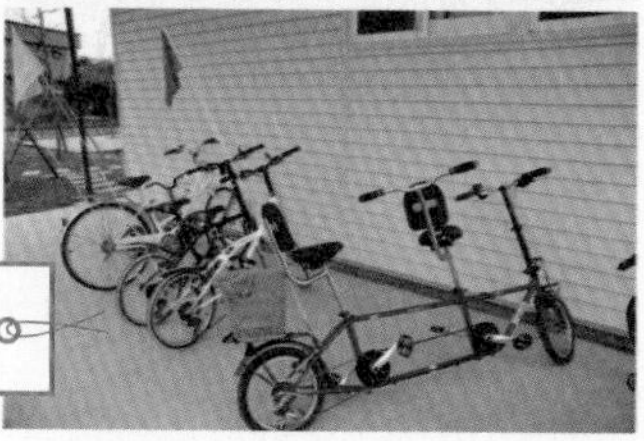

免費提供親子車或協力車，四條路線選擇，每趟單程十五至二十分鐘。

媲美日本溫泉旅館一泊二食 @

大漁日和

大漁日和聽說是全台住房率最高的民宿之一，每年十二月至二月溫泉季時，尤其熱門（每月一日上午十點開放後兩個月的網路訂房），雖然房價不低，但一樣訂房爆滿，入住之後，果然不同凡響，一般民宿竟然能打造出相當於日本溫泉旅館般的等級和氛圍，著實不簡單。從舒適的房間、可容納一家人寬敞透氣的湯屋、宜蘭在地現流海鮮晚餐與台式風味漬物海鮮早餐……我們完完全全待在民宿裡享受，只顧著泡湯，不然就拿著望遠鏡觀看水鳥，妹妹自己玩扮家家酒，全然沒想到要出門晃晃，好個礁溪溫泉樂活之旅！

大漁日和隱藏於礁溪後火車站旁的老社區裡，雖然外觀是不起眼的老社區民宅，內部整間卻是實木裝潢，走典雅沉穩日式風格，九名員工各司其職，分別負責房務、廚房、接待等工作，難怪可以確保入住品質。男主內（廚房餐點）、女主外（交待管理），兩人的配合天衣無縫，民宿共有六間房，五間都在二樓，只有一間在一樓（通常留給有長輩同行

的客人），房間的空間配置是一層臥室與和室、一層溫泉風呂＋庭院露台＋廁所，屬跨樓層空間，臥室與廁所位於不同樓層，長輩可能較不適合，喜歡爬上爬下的小小孩，也要特別注意。而一般湯屋最怕空氣不流通，這裡完全無此問題，木窗戶非但好拉關，也可以把門整個打開，庭院的小石頭企圖營造點枯山水的禪味和意境。

湯屋面積大，包含洗手檯及淋浴區，我們一家兩大兩小一起進去也沒問題。

大漁日和的餐點非常有名，一進民宿的接待區就是餐廳，主人都是當天下午等漁船回來，去大溪漁港或梗枋漁港採買現撈漁獲，晚餐媲美無菜單料理餐廳，採用的料理方法都很簡單，盡量讓客人品嚐食材原味是他們的宗旨，冬天主推海鮮火鍋，早餐是台式的，份量及豐富度，比想像中更為在地以及具有誠意。一趟入住下來，盡享細緻、體貼的照顧，所提供的食與宿的豐盛感受，讓人印象非常深刻。

大漁日和

W www.taiori.com

A 宜蘭縣礁溪鄉奇立丹路 195 巷 29 號

P (03)9881717

* 兩人入住，每人 4300 元，一泊二食 5500 元／三人入住，每人 4000 元，一泊二食 5200 元／四人入住，每人 3800 元，一泊二食 5000 元

（各房型之實際優惠房價，請洽詢各飯店官方網站或客服人員。）

私房話老實說

記得學習日本人入住溫泉旅館「一日三泡」的溫泉文化，時機分別是晚餐前、晚餐後跟起床後，不過睡前泡湯的水溫度不要太高，才會達到舒眠效果；而這裡因為有兩種溫度的溫泉，夏天也可以嘗試冷泡溫泉。

有木工彩繪 DIY 和隱藏版桶仔雞＠田念親子民宿

田念位於礁溪武暖路鄉間，房間特大，中間價位，沒有色彩繽紛的外牆，也沒有華而不實的傢俱和裝潢，只以簡單俐落的木質和水泥線條融入田野之間，民宿主人樸實親切，親子公共空間超大，適合野放孩子，還有最特別的親子木工 DIY 和隱藏版限量桶仔雞。入住後很能感受宜蘭的純樸風情，是間有特色亮點，回訪率高，愈住愈舒服的高 CP 值親子民宿，小朋友住過會念念不忘。

民宿一樓全留作公共空間，有閱讀室、音樂欣賞室及早餐用餐區，來到二樓最左邊又是遊戲室，有提供 Wii 予房客使用，允嘉整個眼睛都亮了！規劃那麼多交誼廳，在於女主人希望來到這裡不論小小孩、大朋友、父母或更老一輩的阿公阿嬤都能愉快開心，每一個人都能找到自己的樂子，玩到不想出去！所以還有麻將、以及歡唱卡拉OK可以選擇，完全沒時間無聊。

田念共有四間房，以春夏秋冬四季為發想來設計房型，我家妹妹原本喜歡夏緻四人房，哥哥卻因為冬摯四人房有六十吋大液晶螢幕而說服了妹妹，沒想到房內真的超級無敵大，客廳、浴室及臥室分置獨立的三區，光是使用坪數，含前、後景觀陽台及獨立大客廳就五十坪之多，空間之大，讓人嘖嘖稱奇，但空間之善用，又讓人感到安心體貼！

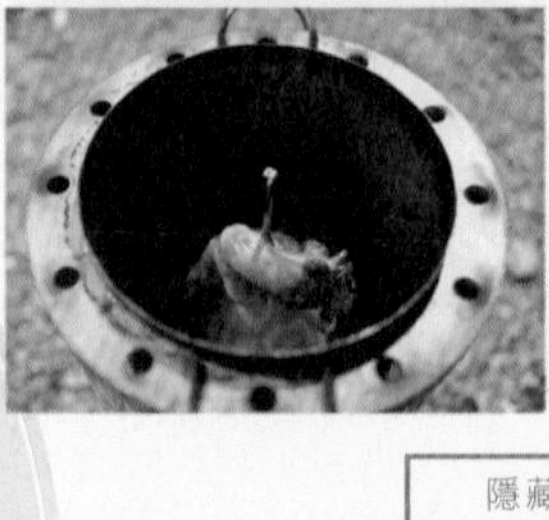

隱藏版美味桶仔雞可說是主人雅惠與先生絕妙搭檔的好手藝，一個負責前段醃肉重責，一個負責後段顧爐大任，光烤就要花一小時，只有住過的老客人才知道要預約！

田念親子民宿

W www.tiannian.com.tw
A 宜蘭縣礁溪鄉光武村武暖路 124-26 號
P 0928110696
推薦房型 冬摯 4 人房 定價 8800 元
（各房型之實際優惠房價，請洽詢各飯店官方網站或客服人員。）

私房話老實說

田念提供的木工彩繪 DIY 對小朋友的專注力與創作力都有很好的啟發，希望有更多的民宿可以利用主人本身技藝專長，開發這一類 DIY，就不用再專程帶孩子去觀光工廠人擠人了！

宜蘭 II

三星、羅東、冬山、五結、蘇澳、大同

品味在地豐饒時光

宜蘭只去一次怎麼夠！擴大篇幅報導！

鄰近大台北生活圈的宜蘭，適合放鬆、放空、清靜心神，解開繁擾工作的結，偌大且在地特色多元的宜蘭，可謂是便利而絕佳的出遊選項。本回合繼續延伸報導，不僅前往親近山林與動物、大啖嚴選在地小吃，更加碼提供選購新鮮魚獲該如何前往！此外，住宿亦是旅途中很重要的一環，通常也佔了旅費的最大宗，而台灣民宿已發展到成熟飽和的階段，無論硬體設計或軟體接待，皆漸趨成穩，尤其宜蘭民宿水準之高，令人驚訝，完全可以滿足每一趟旅程達到美食、遊樂、住宿之水準三位一體的期望。

允嘉和野馬妹愛吃 Oreo 巧克力口味，鳥大叔和我覺得帶點堅果香的核桃煙囪捲比較討喜，大人小孩口味大不同。

在地激推美食

假日限定異國甜點 K&A Chimney Cake @羅東運動公園

假日限定異國甜點 K&A Chimney Cake 煙囪捲，隱藏於羅東運動公園旁，從落羽松森林那條路開進來到底的皇家公園海社區大樓騎樓下，門口有公車站牌，對面有停車場。老闆是藍眼睛的外國人，中文流利，也很有耐心，賣的是道地匈牙利煙囪捲，直接在碳烤爐烘焙，老闆說是匈牙利家鄉的傳統作法。

煙囪捲分為原味（鹹／甜）、肉桂、杏仁、核桃、起士和最新的 Oreo 口味，不同口味差別在外層所沾的堅果粉，沒有事先預約，至少得等兩個小時。煙囪捲一捲份量很大，家人朋友合吃比較剛好。吃的時候是沿著紋路撕成一條一條吃，外皮咬起來甜甜脆脆的，甚至有點糖粒的感覺，強烈建議當天食用完畢（不要買太多），或直接當羅東運動公園的散步甜食吃光最好。

月見滷肉飯．阿德的店 @五結

阿德早午餐高掛口袋名單已經有一段時間，此回大約下午一點報到，油飯已經賣光光。招牌的月見滷肉飯＝滷肉飯＋現煎荷包蛋，荷包蛋煎得嘟嘟好，帶微焦口感，蛋液拌著滷肉飯吃，非常過癮！若覺得滷汁偏鹹者，選擇荷包蛋拌乾麵的鹹度相對適中，自製辣椒醬更是大加分！

尋味誘人的銅板美食：月見滷肉飯，宜蘭縣長套餐！

梅花湖．鴨片 WU @冬山

梅花湖停車場入口前有間老店新開的「鴨片WU」，賣的是鴨肉煮麵／炒麵／炒鴨血，老房子用餐環境有fu，為兩層樓的鄉下民宅，右邊這戶是鴨片WU，左邊則是閑工夫，菜單主要是古早味全鴨料理，也有油炸冰淇淋和咖啡。香噴噴的鴨肉煮麵，現點現煮，湯頭濃郁，喝下去暖呼呼！鴨肉是古法白米煙燻，鴨肉炒麵帶酸醋口味，愛妻鴨片沙拉調味清爽，炒鴨血的口味類似新竹鴨肉許，但火候和味道沒那麼重手。

鴨片WU隔壁的閑工夫，有木製生活用品和家俱販售，最特別的是木製腳踏車出租，來梅花湖不想騎鐵馬，可以改騎木馬，雖然沒有變速，但齒比是針對海花湖環湖設計，三段小上坡都可以克服。

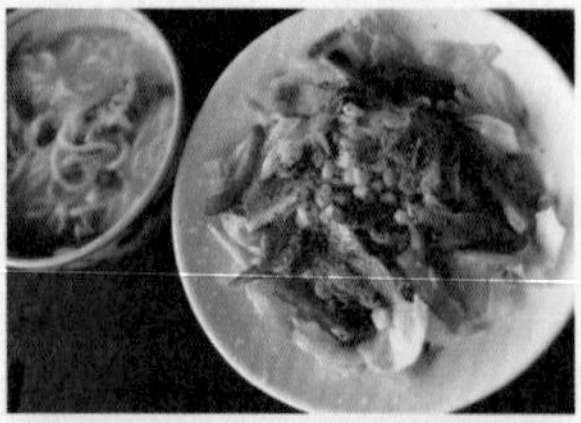

假日出租 300 元／小時、兒童椅加裝 100 元。老闆說環湖一小時時間很夠，非假日不會嚴格限制時間。

K&A Chimney Cake 煙囪捲
（羅東運動公園旁）
A 宜蘭縣羅東鎮四維路 157 號
P 0981750072
T 13：30 ～ 18：00（建議提前預訂）

阿德的店
A 宜蘭縣五結鄉二結村中正路三段 159 號（TOYOTA 斜對面）
P 0939855959
T 06：00 ～ 14：00／周日店休

梅花湖鴨片 Wu
A 宜蘭縣冬山鄉得安村大埤五路 206 號
P (03)9617626
T 10：30 ～ 18：30

梅花湖閑工夫
A 宜蘭縣冬山鄉大埤五路 208 號
P 0978170786

屋台拉麵
A 宜蘭市宜興路二段 55 號
P 0929861060
T 11：00 ～ 14：00、16：30 ～ 20：00（平日）／11：00 ～ 20：00（假日）

每日限量．領號碼牌的排隊屋台拉麵 @冬山

每日限量五十碗的屋台拉麵，聽說沒在五點半開攤去拿號碼牌，吃到的機率很低，這天幸運拿到吊車尾的號碼，坐在後方小板凳，聽前面客人大口吃拉麵的聲音，野馬妹直喊肚子餓。老闆雖然是酷酷的達人樣，實際上卻很親切，菜單就兩種，博多白湯豚骨和博多赤湯味噌，均一價兩百元，湯底一樣以豬大骨和柴魚昆布熬製而成，博多白湯豚骨拉麵，湯頭清爽夠味；博多赤湯味噌多了味噌和微辣，想吃重口味的人，老闆還提供現擠蒜泥、七味粉和芝麻，可依喜好選擇。原本開在冬山鄉省道邊，七月將在宜蘭市重新營業。

雖然等了超過半小時才坐上來吃拉麵，但這畫面還真有 fu 啊！

無菜單台式料理．稻香園雞肉飯 @蘇澳

稻香園隱藏在蘇澳鄉間小路，好幾間宜蘭民宿主人掛保證的在地美食，招牌是雞肉飯與其他創意台式料理。點菜得等老闆招手，再到廚房裡看現場食材點菜，感覺像是另類無菜單料理，除了湯汁飽滿的雞肉飯之外，我們家最愛的是雞鴨拼盤和超下飯的番茄炒皮蛋。

稻香園的雞肉飯有滿滿的湯汁卻不顯膩。

私房話老實說

番茄炒皮蛋列為個人必點菜色，酸甜開胃的湯汁有夠下飯的，份量較少，大家可以各自斟酌。

私房話老實說

用餐地點在簡陋的屋簷下，小心不時有蒼蠅飛來湊一桌！

粉鳥林漁港又吃又買．阿滿姨小吃部 @蘇澳

粉鳥林漁港必須開上一段蘇花公路才能到達，建議遠征花蓮時再順遊而過。漁港內唯一的餐廳就是阿滿姨小吃部，海巡署旁的藍色鐵皮屋，點菜、算帳找老闆娘，殺魚及料理則由漁工們負責，來這裡當然要吃魚，煎的、蒸的都來一盤，煎四破魚乾香有味，必點的是小卷，清燙沾點醬油就超可口！

稻香園
A 宜蘭縣蘇澳鎮城東路 199 巷 1 號
P 0956895265
T 11：30 ～ 14：00、17：30 ～ 19：00
週日晚店休

阿滿姨小吃部
A 宜蘭縣蘇澳鎮粉鳥林漁港 2 號
P (03)9986198
T 10：00 ～ 14：00

祥發煙燻滷味
A 宜蘭縣大同鄉松羅村鹿場路 1-6 號（玉蘭社區）
P (03)9801266
T 08：00 ～售完為止（週一～週五）
07：00 ～售完為止（週六、日）

玉蘭茶園．祥發煙燻滷味 @大同

我們來的時候是週日下午兩點多，明明門口沒什麼車，但很多滷味已經售完，還有不少客人在等，現場熱騰騰出爐的茶香滷味，不管是什麼都很快被掃光光……據說在假日，除非電話預訂，否則牆上的人氣排行表只當參考用，滷味出爐記得先下手再說。這裡的滷味屬微辣的重口味，醬汁厚重，很適合大叔當下酒菜，吃來超涮嘴！因為位於玉蘭茶園的山腳下社區，據說茶香滷味是用自家茶園的茶葉去滷製而成，另外也賣茶凍、茶梅和茶香花生等等產品。

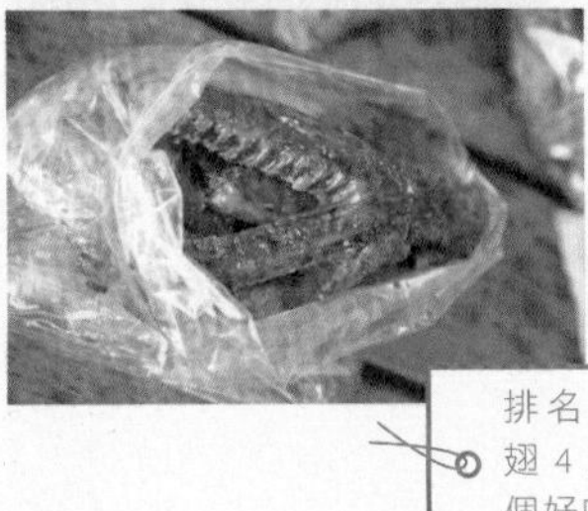

排名第一的茶香鴨翅 4 支 100 元，這個好吃夠味！

日夜都美麗的生態水池，元宵燈節時來訪，還有幸福燈海的水漾倒影，美呆！

適合蹓小孩．羅東文化工場 @ 羅東

從羅東文化工場的北側停車場穿過巷子，步行到羅東夜市表定五分鐘，感覺很舒服與安靜，旁邊是學校，走在中央草坪和天空跑道，下午時段常有人在慢跑。第一次看到極限運動場的野馬妹，完全搞不清楚狀況，沒多久直接當成溜滑梯來玩，還真的很極限……

羅東文化工場
A 宜蘭縣羅東鎮純精路一段 96 號
P (03)9577440
T 09：00 ～ 17：00／週一休館

松羅國家步道
A 宜蘭縣大同鄉松羅村
（台 7 線 97.7 公里處轉入）

宜農牧場
A 宜蘭縣冬山鄉長春路 239 巷 17 號
P (03)956-7724
T 09：00 ～ 18：00

餵迷你豬．宜農牧場 @ 冬山

位於宜蘭冬山的宜農牧場是民宿主人推薦，規模不大，門票不貴，可以看看小動物、餵餵奶瓶和牧草。入園門票二十元（基本上就當成清潔費），四歲以下免費，採自助投幣收費桶，其他消費是三十元的奶瓶、十元的蘿蔔、飼料和牧草，可以餵食麝香豬與二樓後區的小羊，假日還有羊奶皂 DIY 和擠羊奶的套裝行程，大人小孩可以一起體驗牧場之樂。

松羅國家步道 @ 大同

昔日是部落的獵場，今日是植物大觀園，入口至終點約兩公里路程，我們這天走了一半，到松羅吊橋處折返（聽說終點是巨石瀑布）。同樣位在宜蘭的林美石磐步道也不錯，沿途景觀豐富，好幾段都有流水作伴，涼爽宜人，喜歡親近森林的人，不妨都去試試。

玩

三隻毛小孩當家 @ 凹塞 Outside 旅店

小瑜跟小民是擁有熱情與對生活充滿堅持的年輕民宿主人，活潑可愛的凹賽、哇賽與慵懶高雅的愛醬是 Outside 旅店的鎮店之寶，聽說是吸客的主要來源，有了牠們的溫暖陪伴，這天妹妹雖然少了允嘉哥在旁，一點都不覺得無聊。

Outside 外觀係以黑、白、灰三個色塊組合而成，整間屋子幾乎是兩人的心血結晶，從空間設計配置到發包施工，連車庫也是。一開始設定為「接父母一起住的自宅」，非規劃為民宿用途，但因為兩人都從事教職，常因寒暑假進修或旅遊而不在家，兩老也因為還不想退休，導致房子常處於閒置狀態。於是就有朋友慫恿他們改做民宿，一來增加房子使用率，二來減輕貸款的壓力，這才有 Outside 旅店的產生。

這裡只有三間房，房間命名皆由小民最愛的《小王子》一書而來，其中一間雙人房「第43次日落」，是唯一有浴缸與按摩椅的房型，既可泡澡又有暖房設備，冬天來很享受，可惜無法加床，專屬甜蜜的兩人世界，帶小孩的人只能哭哭……

此處的早餐很有特色，是手工披薩DIY，從麵團、餡料到青醬皆由小民準備，這天給妹妹自己擀麵團，想吃什麼自己隨意放，手工 Pizza 有夠好吃！底皮酥脆又帶點厚度，有麵包的口感，頂層餡料仍保持溼潤度，他們在烤箱裡面裝了石板，果然高招，飯後還有小民自製的鮮奶酪！

我們一家在 outside 旅店享受自家烘焙咖啡香的美味和手工披薩 DIY 早餐的樂趣，也跟小瑜與小民交換了許多養寵物的心路歷程。主人確實是民宿的靈魂，如果還有可愛的寵物牽引，真的是親子無敵。這裡雖然沒有華麗的建築外觀，卻有著豐富、溫馨的軟體內在，吸引旅人回訪再回訪！

私房話老實說

愛好自由的小民，對民宿主人的身份訂下了時間表，長則三年、短則兩年，想來訪的人，可得把握這幾年的開放期間，晚了就只能望門興嘆。

凹塞 Outside 旅店
W www.outsideinn.com.tw
A 宜蘭縣羅東鎮復興路三段 75 巷 152 號
P 0963-382820
推薦房型 第 43 次日落 定價 5000 元
（各房型之實際優惠房價，請洽詢各飯店官方網站或客服人員。）

大家最喜歡的 Outside 是聰明的邊境牧羊犬，也是民宿的名字。何謂 outside ？看了小民的自述才知道，原來 Outside 是大浪、好浪之意，也是一個夢想的實踐、一種生活的方式、一種無所事事的浪漫、永遠歡迎朋友一起享受青春的無敵。

住

全新親子房 @自然捲北歐風格旅店

自然捲擁有大片綠地、鞦韆與生態池，是親近大自然的最佳示範，簡約清爽的北歐設計風格，整棟建築物宛如瑞士蛋糕卷造型，把六間風格迥異的房間全都捲進去，非常有趣！

最近將親子館獨立出來，新增三間親子房，把小朋友的空間與一般純大人的住房分開，使得住宿品質更為提升，不會互相干擾。親子館一樓公共大廳創造了有小動物陪伴的專屬玩樂空間，房內也有上下層，尤其溜滑梯區根本是兒童快樂天堂，讓他們上上下下樂此不疲。此外，小捲沒忘了小朋友最愛泡澡這件事，三間房都設有浴缸，也準備了拆裝式便盆、嬰兒澡盆、水瓢跟座椅等等貼心設備。

在落羽松林、在水畔旁的草皮上，享受野餐的樂趣！

野馬妹對自然捲的印象極深，面向生態池的盪鞦韆是她的最愛！

民宿的硬體完善之外，連早餐也獨創去戶外野餐的方式，想法很新穎前衛！完全符合親子館的訴求，讓城市的小孩來到宜蘭平原，也能感受在大自然中享用早餐的樂趣，也由於自然捲離羅東運動公園很近，騎上單車很快就能抵達，也歡迎大家提著野餐籃去公園大滾草皮！

主人的個性與品味即是民宿靈魂之所在，完全左右了民宿的定位與走向，也因為他們的堅持，才能呈現出幾近完美的演出。自然捲的女主人——小捲，因為自己有小孩，本身也愛吃、愛玩，有時間就出遊、入住優質民宿，自己放鬆也觀摩別人的長處，如此民宿主人設計出來的親子房，質感肯定是好的。而且處處細節都有顧到，以致退房後，妹妹完全不想走，直呼下回還要再來！

私房話老實說

個人喜歡「樂高城堡房」，小女孩的話，建議入住「躲貓貓房」！如果孩子屬運動掛、喜歡玩球的當然就是「小小運動家房」！三間調性不一，坪數略有差異，但為求統一與方便，房價一致。

自然捲北歐風格旅店

W www.nature-house.com.tw

A 宜蘭縣冬山鄉水井一路 250 巷 12 號（近羅東運動公園）

P 0956-169-558

推薦房型 挪威森林家庭親子房 定價 7600 元

（各房型之實際優惠房價，請洽詢各飯店官方網站或客服人員。）

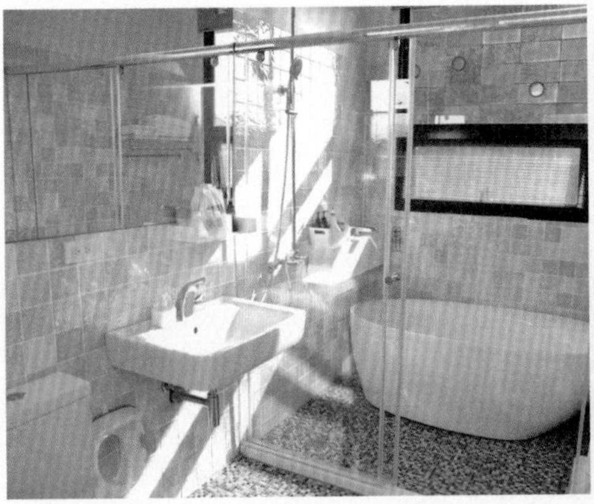

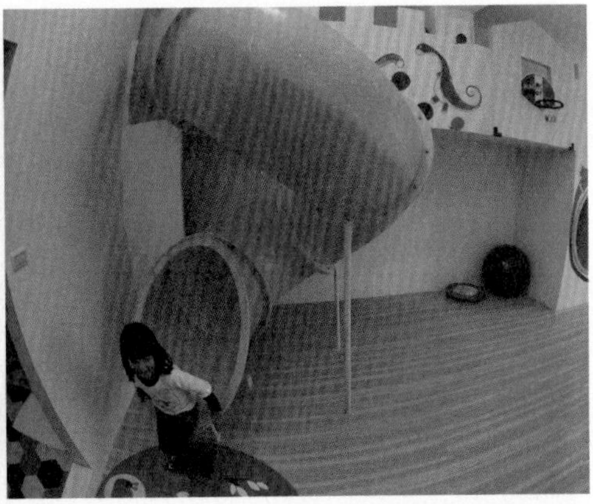

老宅改建配夢幻廚房 @小巷弄5號

民宿結合地理位置取名小巷弄5號，外觀低調，甚至連門牌都沒有，這是男主人的老家經過男女主人用心整修後重新注入的新生命，看似簡單，卻呈現出完全不同的樣貌。

男女主人改造老房子的巧思與用心，令人折服。這裡不走新穎時尚，反而保留老物件走復古風，牆壁與地板則是經過簡單的水泥粉光。整間民宿以回收木棧板為主激發創意，製作出沙發、床板以及自家秘室後花園，到處可見舊窗框、集魚燈等蹤影，整體風格簡單乾淨清幽，有些物件看似尋常卻不單純，仔細觀察，全是自行改裝而來，幾個角落以老物點綴，很有味道，是一個適合自己做菜久窩的地方，喜歡老房氛圍的人必定會愛上這裡，而我們最常窩的地方，就是民宿的重點——夢幻廚房區！

由於男女主人都還是上班族，進房時間四點的時候是沒有人在的，須利用密碼鎖（會設定預約房客的電話）自行進入，主人在下班後會過來介紹環境，退房時間則是隔天中午。小巷弄每天只招待一組客人，只有兩間房間，一間雅房有大片落地窗視野，一間套房有寬敞衛浴，為維持最舒適的居住空間與鄰居的友善安寧，最多只接待六位旅人入住。無論風格與品質、經營與環境，民宿主人在各方面皆拿捏得宜，不僅提供入住旅客閒適自在的休息環境，更極力維持原社區環境的狀態平衡，絕對是民宿的最佳示範！

小巷弄 5 號
W FB「小巷弄 5 號」
A 宜蘭縣五結鄉親河路 1 段 119 巷 1 弄 5 號
P 0922022255
* 二人包棟 2200 元（平日）、2800 元（假日）
四人包棟 3600 元（平日）、4400 元（假日）
（各房型之實際優惠房價，請洽詢各飯店官方網站或客服人員。）

客廳不設電視（房間有），主人希望客人能多些時間聽聽音樂、聊聊天來放鬆一下心情。

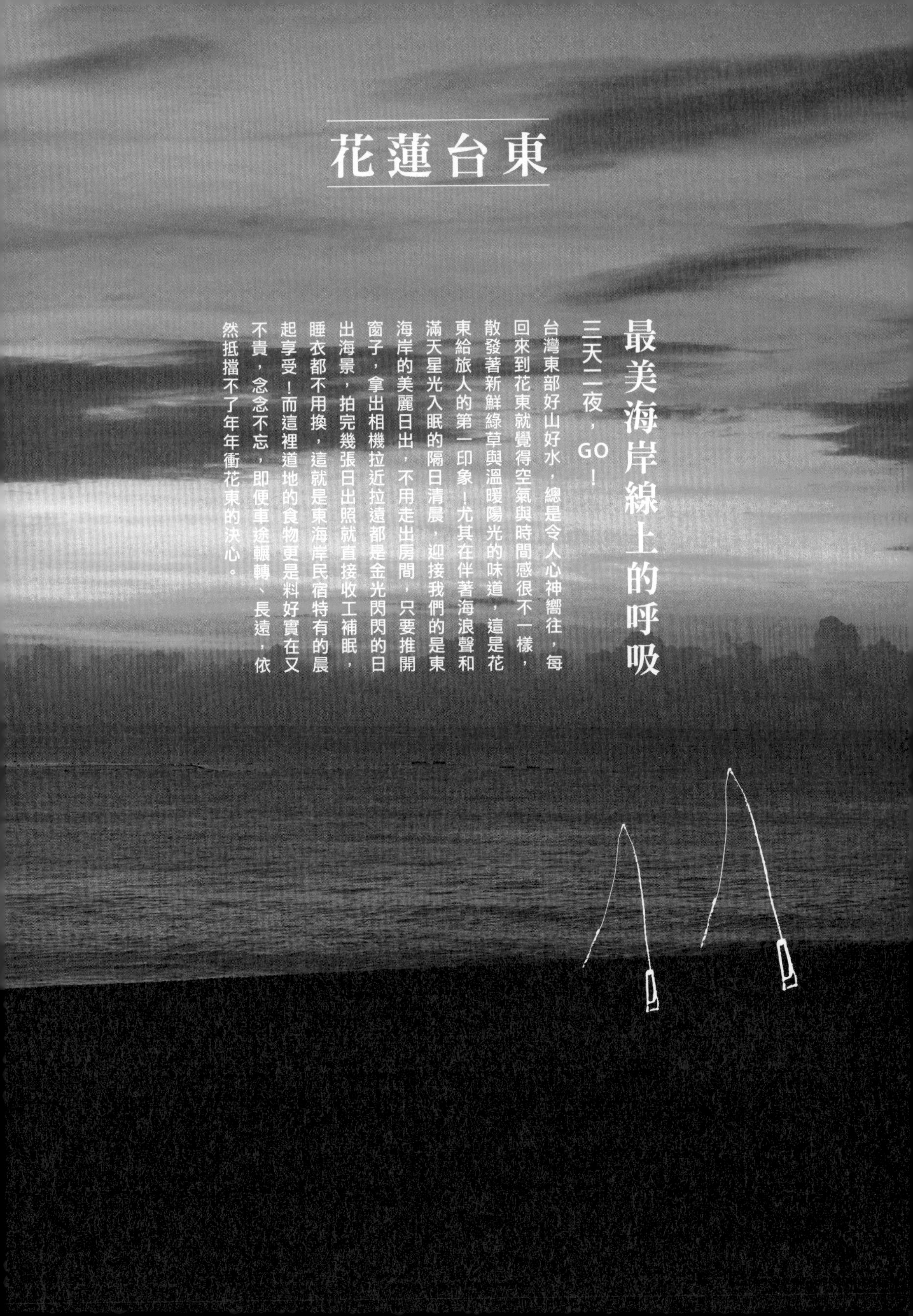

花蓮台東

最美海岸線上的呼吸

三天二夜，GO！

台灣東部好山好水，總是令人心神嚮往，每回來到花東就覺得空氣與時間感很不一樣，散發著新鮮綠草與溫暖陽光的味道，這是花東給旅人的第一印象！尤其在伴著海浪聲和滿天星光入眠的隔日清晨，迎接我們的是東海岸的美麗日出，不用走出房間，只要推開窗子，拿出相機拉近拉遠都是金光閃閃的日出海景，拍完幾張日出照就直接收工補眠，睡衣都不用換，這就是東海岸民宿特有的晨起享受！而這裡道地的食物更是料好實在又不貴，念念不忘，即便車途輾轉、長遠，依然抵擋不了年年衝花東的決心。

檸檬汁大PK．明新vs.佳興@花蓮

花蓮兩家知名檸檬汁，一是鳳林的明新水菓店，一是花蓮的佳興冰菓老店，各有支持者，皆為連皮一起榨汁、再加煉乳糖水等特有比例配方，所以色澤偏乳白，喝起來清涼消暑，不酸且順口，退冰時整口充滿碎冰，冰到了頭頂！

明新純賣冰品，有刨冰、冰淇淋及果汁類，三豆冰很好吃，份量足，料多實在，硬花生特別香；而這裡販售的是檸檬汁跟檸檬水兩種，檸檬水順口好喝，不酸且略帶微甜，小孩超愛！

佳興是兼賣熱炒的冰菓店，用餐時段的人潮川流不息，什錦炒麵、薑絲大腸、炒黃金蜆以及滷味拼盤與湯品等等都是超人氣招牌菜，而飯後一定要來杯檸檬汁！特製檸檬汁分單杯裝與大瓶裝，因為生意太好，必須預先打好，滋味帶酸帶苦，小孩不愛，但深得我跟鳥大叔的心！

價格透明．055龍蝦海鮮餐廳@花蓮壽豐

店家生意超好，在地人的愛店，沒事先訂位可能得等到天荒地老，白天來訪可以看到窗外的海景。這裡除了海產新鮮，每一條魚貨都清楚標明價錢，初次看到海鮮餐廳如此，價格透明，消費者點餐不必再小心翼翼、深怕當冤大頭，可以安心吃一頓好料。

團購熱門．美好花生 @花蓮鳳林

美好花生的外觀是不起眼的民房，一旁堆了不少待修農具，聽說花生醬很厲害，由第二代成功行銷在網路上獲得知名度，可惜我們造訪時，只剩有機栗子南瓜與梅乾菜，距離花生收成還要等一個多月……大嬸團立馬掏錢預訂十數瓶！到貨後直接在家進行美味下午茶，自製熱鬆餅抹上花生醬有夠讚，我家妹妹愛死這味，至於無糖花生醬拿來當拌麵醬汁非常適合！

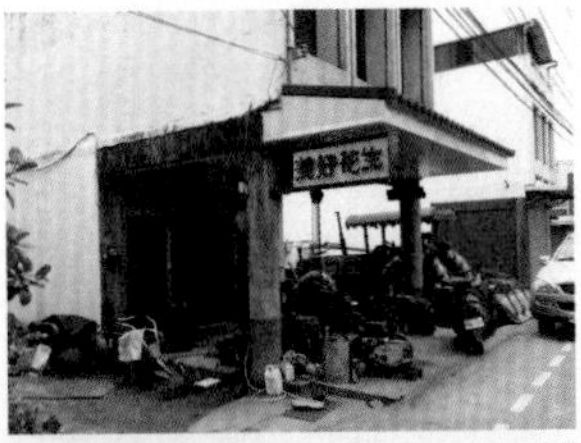

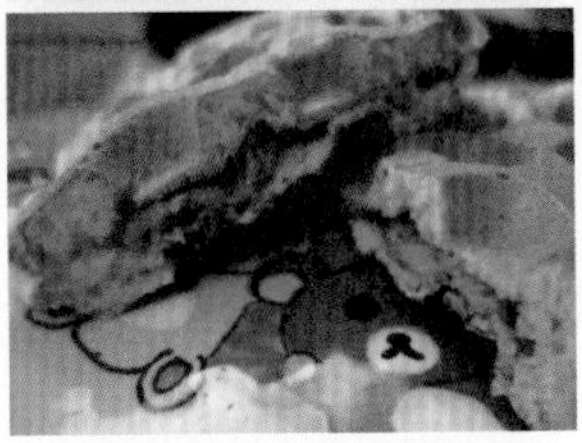

明新冰果店
A 花蓮縣鳳林鎮新生街 26 號
P (03)8764168
T 09：00 ～ 20：00

佳興冰果室
A 花蓮縣新城鄉新城村博愛路 22 號
P (03)8611888
T 08：00 ～ 17：00 ／週三店休

055 龍蝦海鮮
A 花蓮縣壽豐鄉 132 號
P (03)867-1055
T 11：00 ～ 14：30、16：30 ～ 20：00（平日）
11：00 ～ 15：00、16：00 ～ 20：00（假日）
每月第二個週三店休

美好花生
A 花蓮縣鳳林鎮中和路 142 號
P 0933528448
T 14：00 ～ 18：00

CP值高．晨霄海鮮@台東長濱

晨霄海鮮的用餐環境像是鄉間三合院熱鬧辦桌的場面，直接排隊看貨點菜，點完拿座位號碼才開門進去，海鮮新鮮又便宜，CP值高。店內沒有其他肉類，青菜視季節而定，當天的糖醋鰻魚及紅燒魚腹都好吃，尤其糖醋鰻魚，因為不知下回是幾年後才會再來長濱，清盤後硬是加點，讓我一次吃個夠！但現在假日已改成不接受加點，所以點餐前要考慮仔細……

碗公餐．稻米原鄉館@台東池上

池上萬安社區的稻米原鄉館，離天堂路與伯朗大道很近，所以有租借腳踏車的服務。用餐區在二樓，靠近窗邊的觀景席，既可以吹風，又能一覽綠油油稻田。這一帶皆為有機生態村，每回食材不一定，有人預約，阿嬤當天早上才準備食材，無論配菜或主菜都沒得選，唯一可以確定的是新鮮度。

稻米原鄉館有吃的，也有好玩的，譬如米畫、手工筷、拍打棒、陶土、稻草編織 DIY 等等，價位與所需時間不一樣，建議事先預約。

在地風味餐．田媽媽傳姐餐坊@台東鹿野

田媽媽傳姐風味餐就是正一茶園附設的餐坊，擅於結合當地鮮果野菜，製作成一道道創意料理，分為桌菜或以每人三百元配菜，因搭配當季食材，所以菜色不一定，共六菜一湯，餐前有紅烏龍冷泡茶、飯後有水果，另有古早味豬油拌飯，真的很超值，剝皮辣椒三味香、特製烤鹹豬肉、鹿野鳳梨炒養生木耳都是推薦菜色！

晨霄海鮮
A 台東縣長濱鄉烏石鼻 14 鄰 41 號
（台 11 線 98 公里處）
P (089)801368
T 11：00 ～ 14：00、17：00 ～ 20：00

稻米原鄉館
A 台東縣池上鄉萬安村 1 鄰 1-12 號
P (089)863689
T 09：00 ～ 17：00

正一茶園——田媽媽傳姊風味餐
A 台東縣鹿野鄉永安路 588 號
P (08)9551818
T 11：00 ～ 14：30、17：00 ～ 20：00

單面山．石梯坪 @花蓮豐濱

進石梯坪風景區，看到大停車場不要停車，繼續往後開，將車子停在露營區旁，單面山就在廁所後方，走過去約五分鐘，除了特殊地質，還有三百六十度海景可賞，坐在上面賞景，再呼喊一聲，很有釋放一切的暢快感。

玩水天堂．慕谷慕魚 @花蓮秀林

認明三叉路口！玩水記得走中間。

慕谷慕魚每日限入六百人，這裡有美麗的山谷、清澈沁涼的溪水和愛咬腳皮的魚兒，一向怕水的允嘉，竟也愛上這裡！進入慕谷慕魚之後要注意路線，看到關鍵的三叉路口時可要走對路，賞魚戲水區要挑中間這條往清水發電廠的路徑，溪水乾淨清涼，對於愛玩水的人來說，根本像是到了天堂！除了賞魚玩水，吃冰也是必達成的任務之一，在青山綠水的水力發電廠吃冰感覺就是不一樣！這裡有兩處地方可買，一是還沒進入山檢查哨，在銅門發電廠對面，另一個得上到龍澗發電廠附近，車程需二十分鐘，一路蜿蜒啊……

石梯坪風景遊憩區
A 花蓮縣豐濱鄉台 11 線公路 65 公里

慕谷慕魚（需事先申請入山證）
A 花蓮縣秀林鄉銅門村榕樹一鄰二號（仁壽橋的橋頭）
P (03)8642157

日出美景・七星潭 @花蓮新城

說到花蓮海景，有著新月型礫石海灣的湛藍七星潭，幾乎是後山花蓮的必遊海線景點，因為空軍基地就在一旁，運氣好就看得到戰機起降。此外，建議可以晨起衝七星潭賞日出，而那也是定置漁場的漁船入港時間，充滿生機的景致，畢生難忘。

單車環湖・鯉魚潭@花蓮吉安

遊鯉魚潭除了步行，常見的是踩船遊湖及騎單車環湖，由於踩船會累壞大人，騎單車相對愜意多了。這大半圈單車道遠離遊客，幾乎都有樹蔭遮陽，搭配不時出現的環湖美景，騎起來非常享受。

近年來七星潭優美的小卵石數量愈來愈少，請大家發揮公德心，不任意帶走石頭。

伯朗大道×天堂路×大坡池@台東池上

順著縱谷線往北接池上鄉，有伯朗大道（錦新三號道路）、天堂之路（萬新道路）和大坡池可以順遊，池上伯朗大道和天堂之路係因金城武廣告而爆紅，遊客量爆增為當地農民帶來不少困擾……

至於沿大坡池的環圳自行車道繞行一圈很舒服，車道總長11.5公里，平緩易達不費力，但途中樹蔭少，建議清晨或傍晚出發比較涼爽，車道旁綠草如茵，不妨找一塊平坦空地或涼亭野餐賞花。這條車道與另一條浮圳環道自行車道的入口相接，周圍是稻田景色，順騎可以欣賞到另一種不同風光。

沒有電線桿的翠綠天堂路。

打赤腳探索玉龍泉生態步道＠台東鹿野

玉龍泉生態步道在聖安宮對面，原是荒廢的野溪，經過地方人士的奔走與政府協助下整治成功，現為維持得來不易的成果，因此設有總量管制，每天控制在三百人左右，超過十人以上團體必須事先預約，目前已是許多學校舉辦戶外教學的熱門景點，解說員會向學生強調無痕山林的重要性！強烈建議預約生態導覽，永安社區解說員都是志工，一群愛鄉愛土又滿懷熱誠的可愛台東人，這片淨土經過他們的奔走努力，換來今日美好成果，極具教育意義。

全程赤腳走在廢棄的花岡岩拼成的石板路、土堆、碎石路上，最後甚至還能溯溪，真是新奇的體驗！整趟走來舒服自在，林相及生態資源豐富，如果從深潭到木橋（終點站）採溯溪方式，約要花兩小時，再下去還有輪胎創意步道，步道盡頭是大型觀景亭「茗圃」，可以遠眺縱谷風光，若非時近傍晚，否則根本不想離開！

伯朗大道
A 錦新三號道路，為 197 縣道支線

大波池
A 台東縣池上鄉（台 9 線 322K 東側轉入）

玉龍泉生態步道
A 台東縣鹿野鄉永安村 5 號之 2
P (089)552224
生態解說預約專線 (089)552224

來去住一晚

都鐸式英倫風格城堡外觀，行經台 11 線花東海岸公路時，很難不發現它的存在！

海天一線無邊際泳池 @ 斯圖亞特海洋莊園民宿

斯圖亞特海洋莊園幾近於高檔飯店等級的民宿，房間和浴室空間既大又有異國氛圍，住一晚供二餐，從第一天的下午茶到第二天的早餐，春節期間的房價才有一泊三食，含晚餐！除了建築物本身具有特色，地理位置極優，坐擁海岸山脈環抱太平洋，加上唯美爆炸的無邊際游泳池，難怪人氣始終不墜。

午茶餐點皆採自助式，建議儘早用餐且把握時間玩水，泳池開放兩個時段（08:00～11:00、14:00～21:00），環境依山傍海得天獨厚，午後太陽公公剛好被擋住，海天一線的無邊際泳池剛好不會曬到太陽，既不熱又不會冷，舒適宜人！

我們入住的尊爵海景四人房，位於主棟建築的三樓，房間寬敞，兩張特大床與一個沙發區仍綽綽有餘，角落另有一處很有fu的大煙囪。浴室乾溼分離，全石砌泡澡浴缸跟淋浴間分置兩側，馬桶及洗手檯設於中央，打開窗戶就是專屬的海景泡湯池。

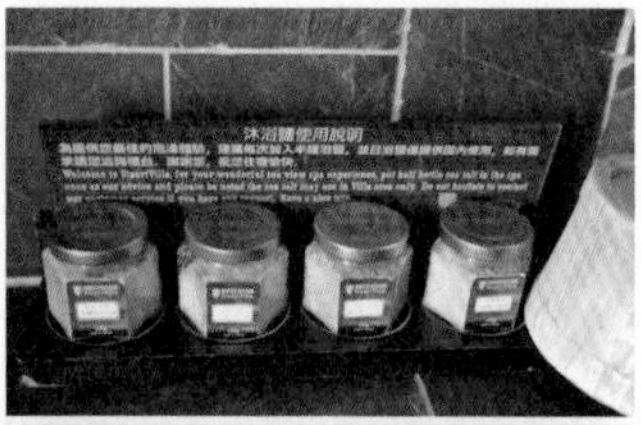

突然可以瞭解為何斯圖亞特才經營一年多且要價不斐，卻還這麼受歡迎，基本上入住後就不用再出去，可以盡情玩水，有吃有喝，父母樂得輕鬆，小孩玩得瘋狂，四周環境優，風格夠浪漫，已經成為蜜月及求婚的聖地。總而言之，住到一間喜歡的民宿，不用太費心安排景點，在裡面就夠享受，超適合喜歡定點放空、又沒時間做功課的朋友！

斯圖亞特海洋莊園民宿

W www.stuartvilla.com.tw

A 花蓮縣壽豐鄉鹽寮村福德 80 號

P (03)8671222

推薦房型 尊爵海景四人房 定價 9000 元（平日）、10500 元（假日）

（各房型之實際優惠房價，請洽詢各飯店官方網站或客服人員。）

私房話老實說

以房價而言，景色無敵，戲水方便，房間規格也都屬極好！

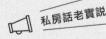

這棟架高的主建築物同時是以合金寨的一館，是主要的公用活動空間，下午茶、晚餐及早餐都在此享用。

可以騎馬的山寨＠以合金寨民宿

以合金寨是小朋友會愛的民宿，彷彿世外桃源，蓋在半山腰，裡面可騎馬、釣魚、餵小白兔，簡直是小型動物園！民宿共有三棟住宿區，分別有不同設計格局與景觀風貌，除了連接主棟的白金與紅火房型，還有二館的三間青木房與三館的三間黑水房；房間命名與排列係依照中國的五行原理，出自山寨夫人的理念，所有房間都是樓中樓形式。

我們這次入住三館的黑水房，樓下的床是Queen size，樓上則是標準雙人床，外面有獨立私人露台，房價包含下午茶、早餐與部分園區活動，像是體驗原住民弓箭、釣魚或採摘（套袋）有機水果。晚餐須事先預約，無菜單料理、合菜方式，與主人同桌吃飯，固定六點半開飯，這晚的加菜是允嘉哥在體驗活動中釣到的魚，瞬間被秒殺！

騎馬活動多在早上進行，幫主會在一旁指導，為顧及安全，只能在園區內騎乘。允嘉一開始還放不太開，騎了幾圈，慢慢抓到節奏與感覺，背也直了，最後還小跑步了起來，屁股在馬背上跳動的滋味，想必是奇妙的感受！

由於幫主的兒子在壽豐火車站前開了早餐店——壽豐早點（春虫冰店），在當地頗為知名，所以民宿早餐直接選用其販賣品項，如水煎包、起司米餅、韭菜盒，都是現包現煎，加上一顆荷包蛋配豆漿或紅茶，超級豐盛，像是為每位即將離開繼續上路的旅人，提供一份最美好而溫暖的祝福！

以合金寨

W www.yihe.tw

A 花蓮縣壽豐鄉米棧村 6 鄰米棧 2 段 3 號之 1

P (03)8741393

T 09：00 ～ 22：00

推薦房型 黑水房 定價 6000 元（平日）、7000 元（假日）

（各房型之實際優惠房價，請洽詢各飯店官方網站或客服人員。）

私房話老實說

晚餐菜色主要是山上種的蔬果或自己飼養的放山雞鴨鵝，這種有機無毒的養生料理最讚了，而且跟主人同桌吃飯的經驗很難得，口味也都不錯！

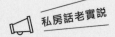

花蓮觀光糖廠日式旅館

花蓮觀光糖廠的日式木屋旅館只有和風雙人房與親子三人房兩種房型，在遊客服務中心 Check in，服務人員會帶領至住宿區停車，住宿區只開放給入住旅客進出，日式和式木屋前皆備有車位，實在方便。如需四人房，則是以三人房加床方式，增加房間備品、枕頭棉被及早餐等等，平日加價費用是六百元。

一進房依序是客廳、臥房和浴室，前門有窗台，後門有迴廊，望出去還有小草坪。客廳有矮桌與坐墊，晚上泡茶配電視很剛好，臥房右側還藏一小間書房，網點也規劃在此。浴室有可以泡澡的檜木桶，腳踩在整片排水木板上也很舒服，水量不小，適合在一天玩樂的疲勞之後，盡情放鬆自己的身心！此外，民宿另有提供自行車體驗卷，方便房客在園區內騎乘，糖廠有規劃自行車道，也可以順遊馬太鞍溼地或坪地森林園區，不過花蓮的太陽毒辣，建議把握天還沒黑、有風吹來的傍晚時分，是最佳騎乘時間。

這裡的木造房屋處處可見老屋痕跡，刻意保留古早支架主體和歷史記憶，而新建木材裝潢能增加住宿的舒適度。台糖能夠將這類老舊資產翻修再生，以中等價位對外營業，真的很不錯！

單車租借的服務只到下午五點，房價附的免費車款只有淑女車跟兒童車，其他車款需自付差額。

花蓮觀光糖廠

W goo.gl/3uKYOs

A 花蓮縣光復鄉大進村糖廠街 19 號

P (03)8705881

推薦房型 親子木屋 定價六折 2880 元（淡季平日）、八折 3840 元（假日）

（各房型之實際優惠房價，請洽詢各飯店官方網站或客服人員。）

離島篇

開啟一扇島嶼的新窗口，循著聲音而去，
不遠之處，同樣有著均衡美好的時日。

菊島吹吹風──澎湖

每一次轉彎都是風景──金門

自然野趣、在地情懷、和諧共生、離島天光……

循著歷史的舊路慢行，
得以看見整個至情至性的年代，
一生必去的美好小旅行，
關鍵是充滿勇氣的出發！

澎湖

菊島吹吹風

三天二夜，GO！

菊島澎湖大大小小近一百座島嶼，既有獨特玄武岩地質景觀，更盛產尚青的海鮮！澎湖國家風景區依區域和地理位置，大致分成馬公本島、北海和南海等三個遊憩系統，地質公園、石滬和燈塔都是具有在地特色的人文史蹟和自然地景，此外如大菓葉柱狀玄岩、湖西鄉奎壁山摩西分海、北海系統的吉貝嶼石滬群等等，都是簡單易達的熱門景點。

每到夏日，遊客大量湧入，最熱鬧的花火節在四月中旬至六月中旬之間，從台北松山機場飛到澎湖馬公機場僅約四十五分鐘，機場裡就有租車據點與單車服務站，近年當地政府也在熱門景點增設無障礙設施，方便樂齡族群及身障朋友們慢遊澎湖，希望提供所有前往菊島的朋友，一處全然熱情而友善的旅遊環境。

在地激推美食

來老厝吃飯@花菜干人文懷舊餐廳

花菜干人文懷舊餐廳賣的是澎湖在地菜色，調味偏向重口味的下酒菜，外觀建築和內部裝潢也很特別，係以澎湖傳統古厝整修而成，外牆建材可見玄武岩、紅磚瓦和咾咕石，上頭鑲嵌了古早碗盤食具和玻璃瓶，古樸老屋卻有小小新風貌。老厝的隔間變成大小包廂，五花八門的古物收藏，讓房間風格各異，用餐心情也跟著愉悅流轉。

澎湖在地家常菜「花菜干」，肉絲炒曬乾的花椰菜，好吃且下飯！

團員最好評，迅速清盤的麻油魚！

點播率第一 @ 玉冠嫩仙草

玉冠嫩仙草在海悅飯店對面，從菊島之星正前方的海產小吃街走來，看到春仁黑糖糕左轉就到，走路五分鐘，旅遊旺季未到，店門口已經擠滿黑壓壓的人頭。綜合嫩仙草附奶球，給料很多，除了嫩仙草，有西米露、芋圓、粉圓、粉條、紅豆等等，店家的料皆由自己煮製，最令人印象深刻就是下層的仙草刨冰，微甜口感細綿，不禁讓人一碗接一碗！

在地家常菜 @ 海陽休閒廣場快炒美食

店址位在山水鎖港交界的分叉路大圓環上，距離山水沙灘不遠，裝潢和價位類似台灣的百元快炒，店面乾淨，沒有啤酒妹推銷，因為澎湖在地農產和海鮮加持，有著台灣平價快炒沒有的澎湖家常菜，金瓜米粉、炒海瓜子、澎湖絲瓜、糖醋魚、海菜吻仔魚、蚵仔酥和海膽煎蛋都是推薦菜色。

蚵仔和海膽都是澎湖在地特產。

花菜干人文懷舊餐館
A 澎湖縣馬公市東文里 4 之 2 號
P (06)9216245
T 10：30 ～ 14：00、17：00 ～ 22：00

玉冠嫩仙草
A 澎湖縣馬公市民福路 32 號
P (06)9260356
T 08：00 ～ 24：00（夏天）
12：00 ～ 21：00（冬天）

海陽休閒廣場快炒美食
A 澎湖縣馬公市鎖港里 1891 號
P (06)9951508
T 11：00 ～ 14：00、17：00 ～ 22：00

龍門海鮮餐廳

外觀看起來是沒裝潢的住家老店，食材有在地特色，菜色也創新，炸花枝餅是招牌菜，花枝塊大又多；澎湖絲瓜軟絲生魚片拼盤，絲瓜生吃無菜味，沾醬也特別，想嘗試絲瓜原汁原味的人，千萬別錯過；每到澎湖必點的金瓜米粉，米粉口感微濕伴著金瓜的甜味；海膽烘蛋，裡面滿滿的馬糞海膽，吃來很有飽足感；鹹魚炒飯，不油膩又帶有鹹魚香……已經吃到九分飽才上炒飯，大家還是用力清盤。

糖醋魚球是招牌菜，魚肉新鮮調味也佳。

加了魷魚干、花菜干等在地食材的六干滷排骨，簡直是澎湖版海景白菜魯或佛跳牆。

澎湖特產珠螺，老闆說前置處理加上料理要花數小時，得來不易，新鮮好吃又處理的很乾淨。

必帶伴手禮！澎湖黑糖糕@春仁vs.媽宮

黑糖糕是澎湖代表性的伴手禮之一。春仁黑糖糕是在地店家，保存期限僅兩日，產量較少，而媽宮黑糖糕主要客層是遊覽車團體客，保存期限為常溫三日、冷凍七日。前者口感像年糕，後者則接近蛋糕，因保存期間極短，強烈建議開封後一次解決！

春仁黑糖糕

龍門海鮮

A 澎湖縣湖西鄉龍門村 58-2 號

P (06)992-1277

T 11：00 ～ 14：00、17：00 ～ 22：00

春仁黑糖糕

A 澎湖縣馬公市中正路 7 巷 1 號
（本店／北甲宮西側）

P (06)9275406

T 09：00 ～ 21：00

媽宮黑糖糕

A 澎湖縣馬公市中正路 20 號

P (06)9266777

T 08：00 ～ 22：00（平日）
08：00 ～ 22：00（假日）

媽宮黑糖糕

媽宮黑糖糕

醬樣卡好玩

等到完全退潮時，奎壁山踏浪步道又變成生態豐富的潮間帶。

台灣也有摩西分海！@奎壁山

湖西鄉奎壁山的摩西分海，只要算準漲退潮時間，即是最容易到達且無須額外搭船的景點。奎壁山地質公園位於湖西鄉北寮村的北岸，以「奎壁聯暉」名列澎湖舊八景之一，以往奎壁山東面海上滿布小島和漁船燈火，在月圓之夜的月色映照下，就如同天上繁星般閃爍。

一般海浪都是會往岸邊或礁岩拍打，這裡很神奇的就是一條閃電般的浪花往遠方赤嶼延伸。摩西分海的過程約半小時，浪花隨退潮漸漸往兩側消退，裸露出一條通往赤嶼的踏浪步道，真的有台版摩西分海的fu！

私房話老實說

想把握欣賞摩西分海的最佳時刻，請參考「摩西分海通關密碼」FB 粉絲團，有提供完整即時的潮汐表。

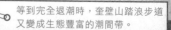

盜採砂石才發現的美麗錯誤＠大菓葉柱狀玄武岩石柱

來澎湖除了看煙火、吃海鮮，安排跳島小旅行的熱門行程之一，就是獨特的柱狀玄武岩奇景！澎湖是台灣唯一由火山噴發的玄武岩熔岩形成的島縣，有著豐富的玄武岩地質景觀，像是南海系統的桶盤嶼，全島幾乎由柱狀玄武岩所環抱。

西嶼二崁聚落通往大菓葉碼頭的路上

（不需搭船跳島即可到！）

氣勢雄偉的大菓葉柱狀玄武岩位於西嶼二崁聚落通往大菓葉碼頭的路上，官方說法是當年開鑿港口時挖掘到的意外驚喜，民間說法據傳是因為盜採砂石才發現的美麗錯誤。不需搭船跳島即可抵達，是最簡單易達的柱狀玄武岩地質景點。

桶盤嶼＠南海系統

澎湖最具規模的玄武岩石柱群，在南海系統的桶盤嶼，外型如倒蓋的桶盤，全島幾乎全由柱狀玄武岩石柱所環抱。一般南海跳四島行程，都從南海遊客服務中心碼頭搭船，行經桶盤、虎井、七美和望安島，各自停留時間不同，桶盤和虎井二島距離馬公本島都非常近（類似淡水搭船到八里），而馬公到七美的航行時間約五十至七十分鐘。在桶盤島上小小繞了半圈，抄捷徑切環島步道，山坡上可見不少癈棄屋舍和開花結果的仙人掌，目前島上居民大約只剩三十餘個人。

虎井嶼＠南海系統

下一個行程來到虎井嶼，遠遠看到一條島上公路橫切山壁，像是虎井的蘇花公路。虎井嶼明顯比桶盤嶼大，島上甚至有迷你小學，虎井嶼上的玄武岩有明顯風化痕跡，走動要特別小心，注意有落石砸人。

跳島 DAY 1——北海

澎湖跳島行程主要分成北海和南海系統，第一天走北海系統，往吉貝嶼船程只需二十分鐘輕鬆跳島，再來個低碳電動機車環島。

獨木舟體驗的防曬標準配備，夏天太陽是很毒辣滴！

井垵社區獨木舟

第一站是低碳綠能水上活動「井垵社區獨木舟體驗」，井垵獨木舟基地除了藍白風外牆彩繪，連沖洗區塊都設計成雙心石滬的形狀，很有在地特色。獨木舟划槳重點提示：划槳時身體不要亂扭動，完全是靠腰運動，有狀況時勿揮手，直接把槳立直表示喊救命，教練會來處理。只要掌握要訣，就可體驗獨木舟之樂！

吉貝石滬文化

第二站是吉貝石滬文化體驗和環保電動機車環島，從北海遊客中心旁的赤崁遊艇碼頭搭船到吉貝漁港，船程約二十分鐘，漁港旁邊有電動機車租借站，方便行程來去。下一站到潮間帶散步，礁石區走起來腳底刺刺的，像健康步道。石滬是早期漁民利用潮水漲退將魚類圍困的人工石堤，分成單心和畚箕型，前者位於深水區，後者多在淺水區。建造一個石滬需時十至二十年，材料是玄武岩，在潮水漲退空檔來堆砌，潮流方向決定了開口方向和漁獲量。退潮時用網子將石堆圍住，再慢慢把石頭搬出來，最後留在網子內的就是漁獲，我們運氣好、補到澎湖縣魚「玳瑁石斑」，但因為個頭小，觀察一下就讓魚兒重回大海的懷抱。

石滬抱墩也是先人智慧的傳統漁法，在潮間帶上堆砌石堆，漲潮時就會有魚兒躲在礁石內。

跳島 DAY 2——南海

第二天往南海系統就沒那麼 Easy 了！海上巡航至東吉嶼看燈塔就要一小時，再花半小時到七美環島，看完雙心石滬、小台灣、七美人塚和七美燈塔回馬公本島，又是九十分鐘以上的船程。

在夏季大量遊客湧進之前造訪，沙灘可以一人獨享。

偶像劇拍攝地．沙尾

離開潮間帶，騎著電動機車來到吉貝南端的沙尾，這裡因為偶像劇《海豚灣戀人》取景而聞名。每年夏季來臨，吉貝沙尾會有淨灘活動，準備以最美麗的白砂迎客，夏天還有香蕉船、水上摩托車和浮潛等海上活動。

東吉嶼

望安鄉東吉村以往繁華一時，曾有小上海之稱，不過現在島上設籍約兩百人，實際住戶則不足十人，幾乎成為無人島，遊客以包船釣客居多。東吉嶼的信仰中心是「啟明宮」，島上只有碼頭旁一間十天運補一次的小雜貨店，沒什麼公共建設，沿著唯一一條觀光步道往上走到底就是東吉嶼燈塔。如今破舊三合院、日式洋樓和獨特玄武岩景觀留置於荒煙漫草中，少了人為干擾，或許就也是東吉嶼最吸引人的自然風貌。

來此處的交通工具就是雙腳，沿途幾乎碰不到居民，只有羊兒自在生活。

澎湖最代表景點．雙心石滬 @ 七美

從杳無人煙的東吉嶼跳島到大熱門景點七美，幾乎是兩個世界。七美環島第一站是有淒美傳說的七美人塚，領隊特別提醒：井邊的樹葉請勿攀折。最後高潮是造型優美浪漫的雙心石滬，澎湖最具代表性的景點，手舉高高就拍得很清楚，海邊風大，不要冒險攀爬欄杆喔！

小台灣海蝕平台。來澎湖不用搭飛機也能看見台灣啦！

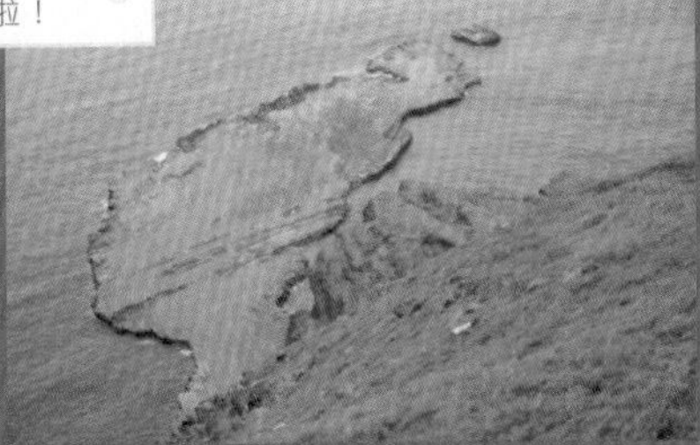

私房話老實說

遊客往南海遊憩系統的跳島路線大致都是馬公→七美→望安→虎井→桶盤→馬公巡航，此行目標東吉嶼，則需特別包船才能到，從馬公到東吉嶼船程約一小時，幸好一路風平浪靜，沒有團員暈船餵魚。

來去住一晚

賽納美海洋渡假村
W www.clv.com.tw
A 澎湖縣馬公市山水里珠江 17-27 號
P （06）9950808
推薦房型 悠活 4 人套房 定價 6000 元
（各房型之實際優惠房價，請洽詢各飯店官方網站或客服人員。）

納美海洋度假村 @山水沙灘

賽納美海洋度假村就在馬公本島最南端的山水沙灘旁，距離馬公市區車程約二十分鐘，入住一晚可享機場（碼頭）接或送服務一次，響應澎湖低碳島計劃，飯店提供免費腳踏車租借，不主動提供牙刷和牙膏等一次性盥洗用品。

到達飯店時已經是晚上九點多，加碼海陽快炒宵夜場回來差不多十一點，只能摸黑走後門回來。飯店有二棟，中庭有 SPA 戲水池和沖水區，冬天沒有開放，聽說頂樓還有景觀不錯的空中花園。

我們入住的房間離山水沙灘超近，站在後陽台就可以聽到海浪聲，雖然天公不作美，無法到沙灘賞星空拍銀河，但伴隨著陣陣潮浪聲音入睡，也是一種都市生活永遠無法體會到的美好體驗！

從中庭走出去過馬路就是山水沙灘，實在有夠近，夜拍星空銀河超方便。

金門

每一次轉彎都是風景

搭配慶典會玩得更 high，GO！

金門除了是具有戰地特色的旅遊景點，每年還有規劃在地主題觀光活動，譬如中秋博餅、迎城隍、古寧頭電瓶車和花蛤節等等，吸引遊客前往！白天在戰地巷弄穿梭，欣賞美麗的閩式建築（甚至有明代遺留至今的歷史建築），體驗在地巷仔內小吃，必吃特色美食有蚵仔煎、炒泡麵、廣東粥、金門燒餅及金門麵線等等，來到這裡即便下雨也不怕，金門坑道多，每條都是完美的雨天備案！

在地人的最愛！@文記蚵仔麵線

城隍廟旁邊的老店文記蚵仔麵線就開在老舊市場裡，麵線由自家的金怡利製作，天氣好可以看到曬麵線的情況。蚵仔麵好吃不在話下，湯頭清爽，麵線順口，蚵仔、大腸和豬血都好吃，如果吃不過癮，有整碗滿滿的蚵仔湯可點，在地金門好友強力推薦！這裡的炸魚也極好，豬皮和豬頭皮口感軟而不爛，搭配小黃瓜享用比較不會膩。

麵店也賣冰 @談天樓

軍人和學生最愛的談天樓，金門必吃店家之一。小菜、牛肉拌麵和豬肉拌麵各具特色，拌麵醬汁帶點黑胡椒味，味道獨特；談天樓必點的圓仔冰，招牌是酒釀湯圓冰，鳥大叔說芋泥圓仔冰口味極佳，芝麻湯圓尤其是甜香順口。

吃起來像魚餃的餛飩湯。

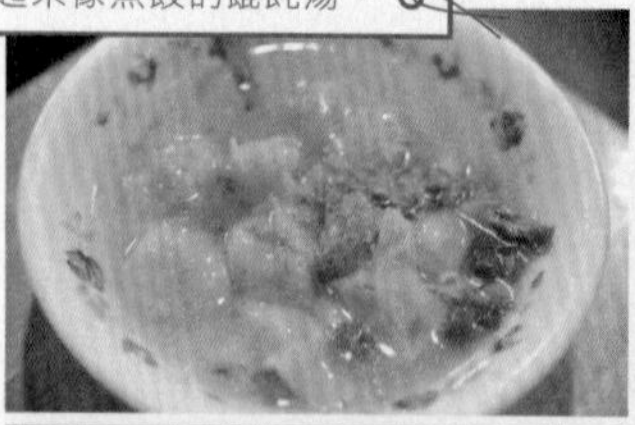

廣東粥 @永春 vs. 聯成

永春是鳥大叔三訪金門都沒漏勾的名店，每天早上都人潮滿滿，大家都是為了這一味早早起床，迎接一大早的好心情！聯成則是廣東粥之外，還賣麵線，以雞骨熬湯底粥水，現點現煮，廣東粥的米粒已化為粥糜，配料豐富，有蛋花、肉丸、肉羹片、魚肉、豬肝、魚丸和蝦仁，起鍋再灑上香芹菜珠，大叔最愛裡面的肉丸和豬肝，配油條是一定要的啦！

聯成廣東粥

永春廣東粥

聯成廣東粥

永春廣東粥

金門油條的口感有點帶Q，像炸麵包。

眾所期待的牛雜鍋涮牛肉，這回雪花牛涮了五大盤。

大啖雪花牛 @牛家莊

從牛肉水餃、牛肉麵、牛筋……一路到牛鞭以及雪花牛涮涮鍋，還有招牌全牛料理合菜，牛家莊儼然是牛肉料理名店，提供顧客最新鮮最好的全牛享受。雖然鳥大叔不吃牛，只能選豬肉炒飯和鹽酥軟殼蟹，但是味道一樣不錯，記憶點頗多！

記得早點來欸~ @記德海鮮

人潮洶湧的記德海鮮（記得，很好記的店名）是在地人和觀光客都愛的熱門店，有許多生炒沙蟲等金門特色菜，此外，慈湖白丁蝦產自金門慈湖，個小鮮甜；酥炸西丁又稱「酥炸那個魚」，口感軟嫩帶膠質，口味獨特；蚵仔拌麵、三杯大腸頭和炒螃蟹味道也都不錯！

「記德」海鮮生意很好，如果打算來此用餐，「記得」先訂位。

網友推薦必點的高粱嗆蟹，螃蟹和白丁蝦同樣小個頭，生鮮醃漬，帶點酒香。

特殊口感的炸雞塊，大推！

巷仔內 @信源海產店

信源海產店讓人印象深刻，除了地點隱密以致在巷弄鑽啊鑽（鑽到快迷路就到了）才找到位址，古早味門面也超有fu，時光彷彿拉回童年時返鄉於三合院吃團圓飯的記憶！炒蚵麵鮮香夠味；金門特產炒沙蟲，以豆芽菜舖底，可直接當脆腸吃；蛤拌麵，味道鮮甜，大推必點！

文記蚵仔麵線
A 金門縣金城鎮中興市場 37 號
P (082)321649
T 05：00 ～ 12：30

談天樓
A 金門縣金湖鎮復興路 3 號
P (082)332766
T 09：30 ～ 19：00

永春廣東粥
A 金門縣莒光路 126 號
P (082)327292
T 06：00 ～ 13：00

聯成廣東粥
A 金門縣金城鎮民生路 45 巷 1 號
P (082)328994
T 06：30 ～ 13：30

牛家莊
A 金門縣金城鎮民族路 318 弄 5 號
P (082)320099
T 11：00 ～ 14：00、17：00 ～ 21：00

記德海鮮餐廳
A 金門縣金城鎮民族路 253 號
P (082)324461
T 11：00 ～ 14：00、17：00 ～ 21：00

信源海產店
A 金門縣金寧鄉湖下村 60 號
P (082)327743
T 10：00 ～ 14：00、16：30 ～ 20：30
週四晚店休

硬是要買 伴手禮專題

金門燒餅大集合 @ 金順興燒餅 vs. 閩式燒餅 vs. 三寶齋燒餅

燒餅的保存期間一般是常溫三天、冷藏一星期、冷凍可以幾個月，食用時再稍微烤一下，烤箱、電鍋皆可。金順興燒餅可宅配至台灣，辣燒餅口味很特別，烏大叔有推！

沙美閩式燒餅也是金門友人的最愛，有兩種口味，長型是甜口味，圓型是鹹口味，各有支持者喜愛。

位於模範街的三寶齋燒餅，現場不一定買的到，建議先預訂，長的是甜口味，包蔗糖，圓的是鹹口味，包腿肉蔥，兩種皆有各自的獨特風味！

金門的豬腳貢糖，口感最特別，甜度最剛好。

金門貢糖@天王、金昇

天王貢糖一共有四種口味，分別是豬腳貢糖、芝麻花生酥、御賞貢糖、花生酥。豬腳貢糖花生酥外面包了一圈麥芽糖，口感不錯，香酥中多帶了點Q，有點黏又不會太黏；芝麻花生酥，多了黑芝麻香氣，層次豐富；御賞貢糖，口感較酥，耐吃；花生酥一口進去有點勉強又不會太勉強，口感酥鬆香綿，入口即化，雖略甜但配茶剛好，獲得婆婆和小姑的大姆指。

金昇貢糖隱藏在樓仔下九十二號民宿旁，看起來像一般家庭小賣店，聽說買金昇貢糖還要按門鈴碰運氣，口味不錯，之前來只知道要買竹葉貢糖和豬腳貢糖，這次發現豬耳朵貢糖也很不錯！

金順興燒餅
A 金門縣金城鎮民權路 104 號
P 0970152789
T 06：00 ～ 12：00／週一店休

沙美閩式燒餅
A 金門縣金沙鎮博愛街 48 號
P (082)352922
T 07：00 ～ 12：00

三寶齋燒餅
A 金門縣金城鎮模範街 10 號
P (082)325949
T 10：00 ～ 16：00／週六店休

天王貢糖
A 金門縣金城鎮中興路 185 號
P (082)328228
T 09：00 ～ 21：30

金昇貢糖廠
A 金門縣金湖鎮瓊林里 136 號
P (082)332439
T 08：00 ～ 21：00

香蜂一條根
A 金門縣金寧鄉慈湖路一段 112 號
P (082)320899
T 08：00 ～ 18：00

隱藏版的金門一條根

一條根是金門名產，開車隨時都會經過專賣店，好友推薦的香蜂一條根，跟在地農民契作收購一條根，和金門縣農業試驗所合作開發，來源和產品都有認證，算是隱藏版的金門一條根。

醬樣卡好玩

古寧頭電瓶車遊程

預約古寧頭電瓶車遊程，全程有解說員導覽，輕鬆愜意，購票點在林厝和平紀念廣場內的旅遊服務中心，每天有上午八點半與下午兩點半等兩個梯次，需在七日前訂位。遊程路線從林厝和平紀念廣場→古寧頭戰史館→古戰場播音牆→北山海堤（石蚵田）→北山聚落（北山指揮所、震威第）→南山聚落（三眼井、風獅爺）→雙鯉湖自然濕地中心→古龍頭水尾塔等景點，整趟遊程約兩小時，實際行走路線，視當日環境、氣候和潮汐另作調整。電瓶車有大小台，感覺像加長型高爾夫球車，沿途有語音導覽，季節對了還有滿滿的高粱田可賞，而古戰場播音牆，整面喊話站都是播音器，聲音可傳到二十五里遠的大陸廈門泉州地區，現在播放的是鄧麗君的喊話和歌聲。

北山指揮所古洋樓，古寧頭戰役被共軍攻佔的前進指揮所，牆上滿布彈孔，可見當年國共北山巷戰之慘烈。

水頭聚落得月樓

這裡的建築很有特色，得月樓為防禦盜匪的槍樓，也是水頭聚落最高的古洋樓建築。除了古洋樓之外，還有保存閩式傳統建築遺跡，附近有許多古厝民宿。在得月樓時，正逢夕陽西下，說到落日景點，以鬼條砦當前景的慈堤夕照名列金門十景之一，從金黃夕照的慈堤沙岸望去，廈門的建築清晰可見！

吸飽太武山下新鮮空氣@植物園

來金門晃晃植物園真是有趣的提案！金門植物園又有太武山下的桃花源之稱，這裡的空氣讓人神清氣爽；竹廊道看似夢幻，其實後方隱藏了各式軍事建築，名符其實的臥虎藏龍！

雨天躲坑道免驚＠獅山砲陣地、金城民防坑道、成功海防坑道、翟山坑道

獅山砲陣地是開探在花崗岩的軍事坑道，又名震東坑道，陳列了八二三砲戰使用的各式榴砲，砲操操演時間一到遊客準時出現，瞬間成為熱鬧的砲操市場。

金城民防坑道的入口在熱鬧的金城車站二樓，八二三砲戰後才開挖的民防坑道，完工後來不及啟用，戰事就結束了。坑道分別通往土地銀行金庫、國民黨黨部和金門高中的出口，僅容單人通行，空氣稀薄，為避免身體不適，集滿五人互相照應才能導覽，時間約半小時，中間有兩段無燈光，憑音效讓人體驗空襲砲戰的時代氛圍氣圍。

成功坑道的規模比其他坑道都小，卻是民防和軍營共同結合的坑道，內有機槍堡、九〇高砲等設施，出口處還有戰車碉堡。至於人力開鑿的翟山坑道，當年的功能主要是讓登陸小艇運補下貨，迴避密集轟炸。

得月樓
A 金門縣金城鎮水頭村
P (082)375454
T 08：30 ～ 17：00

金城民防坑道
A 金門縣金城鎮民生路 7 號
（金城車站 2 樓）
P (082)321547
T 10：00 ～ 21：30

民宿建築外牆彈痕累累，這些都是戰地歷史的見證。

北山洋玩藝民宿

北山洋玩藝民宿，位於古寧頭北山聚落，由百年古洋樓建築改建的民宿，八二三砲戰時曾被國軍徵收成營部，經由金門國家公園的整理後委外經營。民宿主人是充滿藝術氣息的返鄉青年，對民宿的走向很有想法！和年輕阿嬤和開朗妹妹，一家三口合力經營民宿，將北山洋玩藝妝點的很有味道，電影《軍中樂園》也曾來此取景。

植了洛神花和有機蔬菜，這些都是民宿餐點的食材，後頭還圈養了小小羊群，而一樓及二樓陽台的公共區域，戶外桌椅都是老傢俱和手造風格。這裡共有三間房，分別是雙人房、四人房和八人房，八人房由二間房打通（其中一間有小閣樓），共用一套衛浴，因為是古洋樓改建，為了提供衛浴設備又不想破壞結構管線，費了很大工夫！

私房話老實說

八人房共用一間浴室稍嫌不方便，洗澡要拉簾子排排隊，如果需要一同入住的機會，絕對要先想好對策！

北山洋玩藝民宿

W dow6877.wix.com/yangwanyi
A 金門縣金寧鄉古寧頭北山 171 號
P 0972984979
推薦房型 雙人房 定價 1600 元（平日）、1800 元（假日）
（各房型之實際優惠房價，請洽詢各飯店官方網站或客服人員。）

入住北山洋玩藝民宿，最不可錯過的是主人的私房景點導覽，這天領著我們深入金門石蚵田探險尋寶。不要看採蚵老人在石蚵田裡健步如飛，真要在這裡走跳討生活，不是件簡單的事，如果沒跟上隊伍，走錯路線就會深陷泥沼，無法自拔！石蚵探險之餘，順便採集珠螺和螃蟹海鮮，宵夜加菜！身手矯健的在地漁夫老伯，看我們漁獲量這麼少，竟然把剛抓的青腳花蟹全捐給我們，實在是揪感心！

隔日早上，大伙兒被民宿主人領著上屋頂，這個高難度動作，有團員直接放棄，辛苦爬上洋樓屋頂制高點，一切都是為了無敵視野，放眼望去盡是古寧頭北山聚落的古厝，一早就讓心情如天地般開闊。早餐是簡單的吐司和清粥小菜，不但青菜是自家栽種，連洛神花抹醬也是自產自製，整趟旅程充滿了濃濃的金門在地氣味！

金門的石蚵田都有家族地盤，不可隨意採收，一定要在地人帶路，才有現採現吃的鮮體驗。

凱特文化 輕旅行 9

魔鬼甄瘋玩全台灣

作　　者　魔鬼甄｜攝　　影　魔鬼甄、鳥大叔、Tina
發 行 人　陳韋竹｜總 編 輯　嚴玉鳳｜主　　編　董秉哲
責任編輯　董秉哲｜封面設計　萬亞雰｜版面構成　萬亞雰
行銷企畫　胡晏綺、盧曉靜｜印　　刷　通南彩色印刷有限公司｜法律顧問　志律法律事務所 吳志勇律師

出　　版　凱特文化創意股份有限公司
地　　址　新北市236土城區明德路二段149號2樓｜電　　話（02）2263-3878｜傳　　真（02）2263-3845
劃撥帳號　50026207凱特文化創意股份有限公司
讀者信箱　katebook2007@gmail.com｜凱特文化部落格　blog.pixnet.net/katebook
總 經 銷　大和書報圖書股份有限公司
地　　址　新北市248新莊區五工五路2號｜電　　話（02）8990-2588｜傳　　真（02）2299-1658

初　　版　2015年7月｜I S B N　978-986-5882-96-9｜定　　價　新台幣320元

國家圖書館出版品預行編目資料：魔鬼甄瘋玩全台灣／魔鬼甄 著．
一初版．一新北市：凱特文化，2015.07　228面；17 × 23公分．
（輕旅行；09）ISBN 978-986-5882-96-9（平裝）733.69　104007492

感謝｜ 小巷弄5號　Nature House 自然捲北歐風格旅店　南方莊園渡假飯店　星畔河岸　華山觀止　煙波大飯店 Lakeshore Hotel　蝶舞境安　THERMOS　deseño　AVIS 安維斯租車　豆油伯　Nikon

凱特文化 讀者回函

感謝您購買此書，只要填妥回函於 2015.08.31 前，寄回凱特文化，即有機會獲得免費住宿券或折價券。

您所購買的書名：魔鬼甄瘋玩全台灣

姓名 ________________ **性別** □男 □女 **出生日期** _____年_____月_____日 **年齡** __________

電話 ________________ **地址** ______________________________

E-mail ______________________________ **Facebook** ____________________

____ **學歷** 1 高中及高中以下 2 專科與大學 3 研究所以上

____ **職業** 1 學生 2 軍警公教 3 商 4 服務業 5 資訊業 6 傳播業 7 自由業 8 其他

____ **您從何處獲知本書** 1 報紙廣告 2 電視廣告 3 雜誌廣告 4 新聞報導 5 親友介紹 6 公車廣告 7 廣播節目 8 廣告回函 9 逛書店 10 書訊 11 其他

____ **您從何處購買本書** 1 金石堂 2 誠品 3 博客來 4 其他

____ **閱讀興趣** 1 財經企管 2 心理勵志 3 教育學習 4 社會人文 5 自然科學 6 音樂藝術 7 養身保健 8 學術評論 9 文化研究 10 文學 11 傳記 12 小說 13 漫畫

請寫下你對本書的建議 ______________________________

____

贈品須知：

1. **承億文旅**｜限定承億文旅標準客房（包含嘉義商旅、台中鳥日子、淡水吹風；入住桃城茶樣子需加價），免費住宿券 1 張，限平日使用，期限至 2015 年 12 月 31 日（不得與其他優惠並用、春節、跨年期間與各假日不適用，限本人使用，不得轉售他人）。
2. **Outside 凹塞旅店**｜限定雙人房，免費住宿券 1 張，限平日使用，期限至 2015 年 12 月 31 日（不得與其他優惠並用、春節、跨年期間與各假日不適用，不得轉售他人）。
3. **小巷弄 5 號**｜免費住宿券 1 張，限平日使用，期限至 2015 年 12 月 31 日（不得與其他優惠並用、暑假、春節、跨年期間與各假日不適用，限本人使用，不得轉售他人）。
4. **海境渡假民宿**｜雙人房 A 平日八折優惠券 1 張，期限至 2015 年 12 月 31 日（平日定義以海境官網為依據）。
5. **煙波大飯店**｜限定香榭家庭房平旺日住宿券 1 張（含四早，半年期），期限至 2015 年 12 月 31 日（不得與其他優惠並用、春節、跨年期間與各假日及連續假期不適用，限本人使用，不得轉售他人）。
6. **蝶舞境安**｜6～8 人免費包棟券 1 張（含 2 間雙人房與 1 間四人房，不含早餐），限平日使用（週一至週四），期限至 2015 年 12 月 30 日（不得與其他優惠並用、春節、跨年期間與各假日不適用，限本人使用，不得轉售他人，無法加價為假日使用）。
7. **華山觀止**｜雙人兩天一夜免費住宿券 1 張（共 3 位名額），限平日使用（週一至週四），期限至 2015 年 12 月 31 日（不得與其他優惠並用、寒暑假、春節、跨年期間與各假日不適用，限本人使用，不得轉售他人）。
8. **南方莊園渡假飯店**｜豪華雙人房兩天一夜免費住宿券 1 張（含 2 客早餐），限平日使用（週日至週五），期限至 2015 年 12 月 31 日（不得與其他優惠並用、跨年期間與週六暨各連續假日不適用，限本人使用，不得轉售他人）。
9. **自然捲**｜雙人房兩天一夜免費住宿券 1 張（共 2 位名額），限平日使用，期限至 2015 年 12 月 31 日（不得與其他優惠並用、春節、跨年期間與各假日不適用，限本人使用，不得轉售他人）
10. **iL 行館**｜子夜四人房免費住宿券 1 張，期限至 2015 年 12 月 31 日（不得與其他優惠並用、春節、跨年期間不適用，限本人使用，不得轉售他人）
11. **星畔河岸渡假會館**｜限定兩人入住四人房（超過 2 人需補差價），免費住宿券 1 張，限平日使用，期限至 2015 年 12 月 30 日（不得與其他優惠並用、春節、跨年期間與各假日不適用，不得轉售他人）。
12. **Nikon**｜Nikon School 原廠限量漁夫帽 5 頂（定價 800 元）

13. **DESENO 迪森諾**｜尊爵傳奇商務行李箱（定價 3,080 元，20 吋登機箱）

14. **THERMOS 膳魔師**｜

THERMOS 膳魔師真空食物燜燒罐 720ml（定價 1,850 元，4 名／隨機出貨，恕不挑色）

THERMOS 膳魔師繽紛歐蕾真空食物燜燒罐 470ml（定價 1,450 元，1 名／隨機出貨，恕不挑色）

THERMOS 膳魔師彩漾食物燜燒罐 500ml（定價 1,400 元，4 名／隨機出貨，恕不挑色）

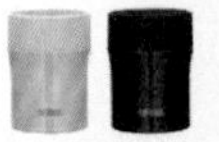

THERMOS 膳魔師真空食物燜燒罐 500ml（定價 1,300 元，1 名／隨機出貨，恕不挑色）

煩請依序填妥您的喜愛與需求，以便進行抽獎辨識：

___ → ___ → ___ → ___ → ___ → ___ → ___ → ___ → ___ → ___ → ___ → ___ → ___ → ___

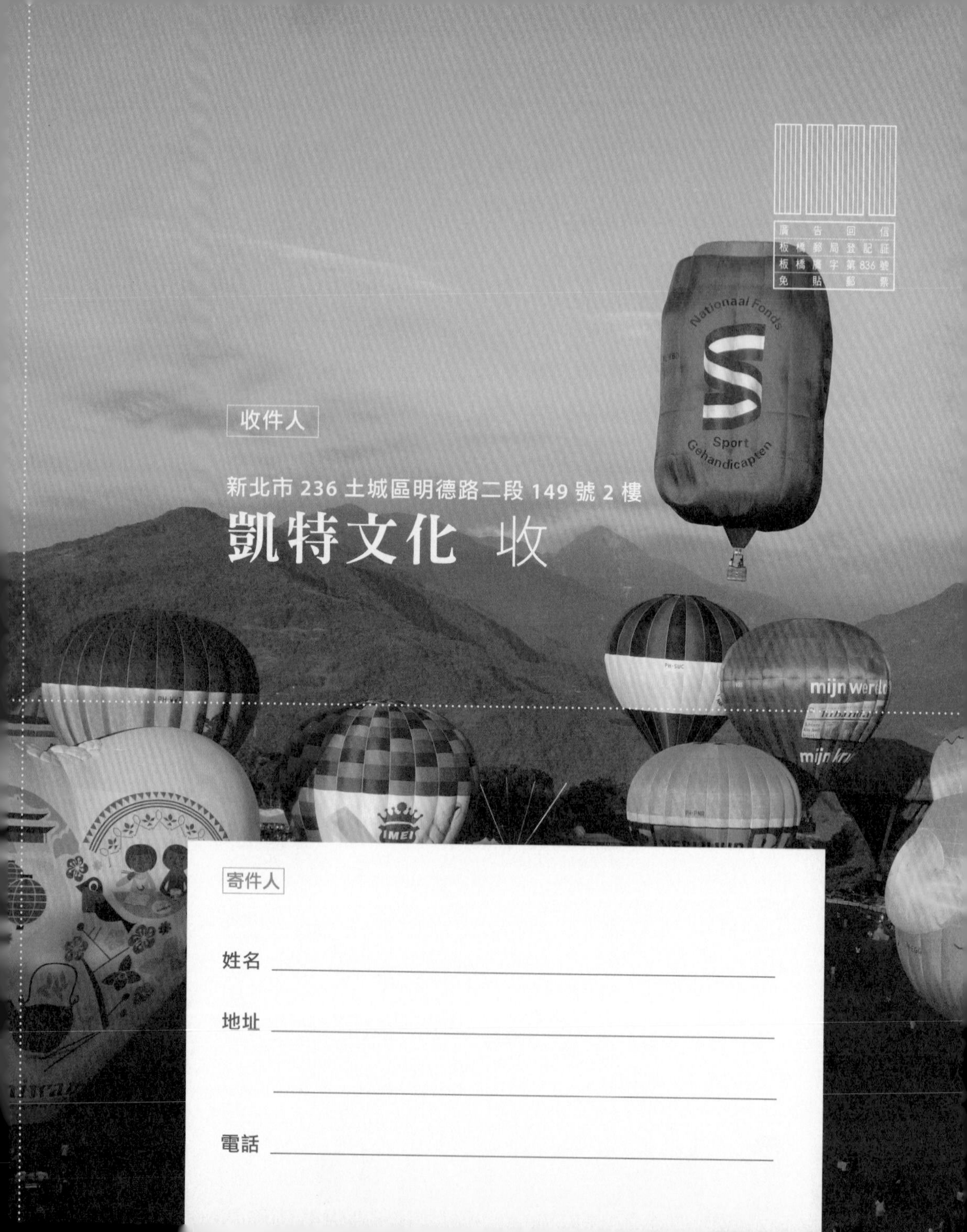

廣告回信
板橋郵局登記証
板橋廣字第836號
免貼郵票

收件人

新北市 236 土城區明德路二段 149 號 2 樓

凱特文化 收

寄件人

姓名 ______________________________

地址 ______________________________

____

電話 ______________________________

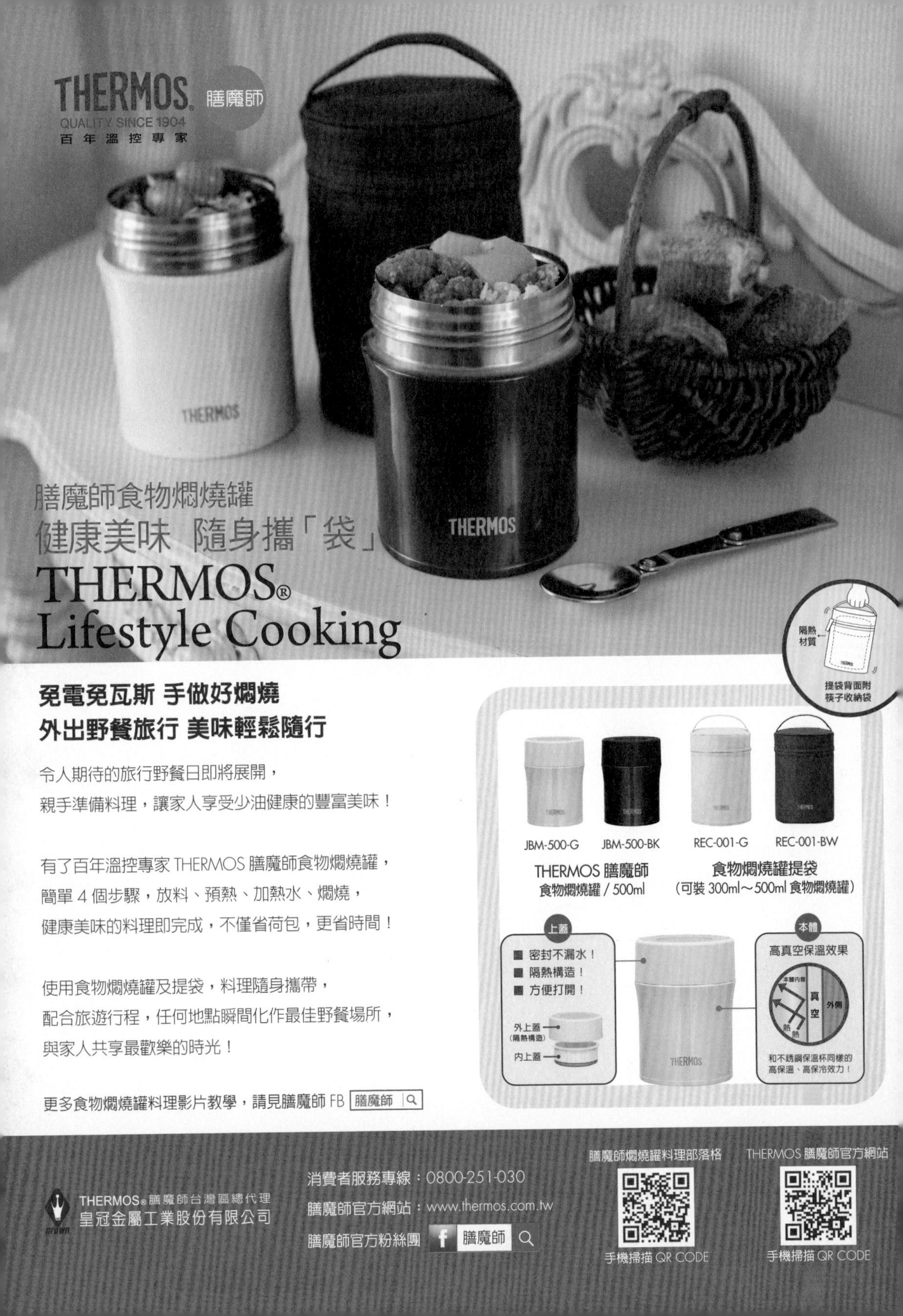
THERMOS 膳魔師
QUALITY SINCE 1904
百 年 溫 控 專 家
膳魔師食物燜燒罐
健康美味 隨身攜「袋」
THERMOS®
Lifestyle Cooking
隔熱材質
提袋背面附筷子收納袋
免電免瓦斯 手做好燜燒
外出野餐旅行 美味輕鬆隨行
令人期待的旅行野餐日即將展開，
親手準備料理，讓家人享受少油健康的豐富美味！
有了百年溫控專家 THERMOS 膳魔師食物燜燒罐，
簡單 4 個步驟，放料、預熱、加熱水、燜燒，
健康美味的料理即完成，不僅省荷包，更省時間！
使用食物燜燒罐及提袋，料理隨身攜帶，
配合旅遊行程，任何地點瞬間化作最佳野餐場所，
與家人共享最歡樂的時光！
更多食物燜燒罐料理影片教學，請見膳魔師 FB 膳魔師
JBM-500-G
JBM-500-BK
REC-001-G
REC-001-BW
THERMOS 膳魔師
食物燜燒罐 / 500ml
食物燜燒罐提袋
(可裝 300ml～500ml 食物燜燒罐)
上蓋
密封不漏水！
隔熱構造！
方便打開！
外上蓋 (隔熱構造)
內上蓋
本體
高真空保溫效果
本體內側
真空
外側
熱
熱
和不銹鋼保溫杯同樣的高保溫、高保冷效力！
THERMOS® 膳魔師台灣區總代理
皇冠金屬工業股份有限公司
消費者服務專線：0800-251-030
膳魔師官方網站：www.thermos.com.tw
膳魔師官方粉絲團 膳魔師
膳魔師燜燒罐料理部落格
手機掃描 QR CODE
THERMOS 膳魔師官方網站
手機掃描 QR CODE

業界首創
馬卡龍系列
dESEÑO
Painting your journey 迪森諾
MACARON!
vacation 精彩旅行從迪森諾開始
dESEÑO
Available on the App Store
Get it on Google play
TAIWAN BRAND
deseno
服務專線 02-82269518
www.deseno.com.tw

豆油伯
六/堆/釀/嚴/選

屏東竹田在地
-豆油伯

位於**屏東**深具歷史價值逾一甲子的**竹田火車站**附近，建築外觀以兩層貨櫃屋搭建而成，一樓販賣豆油伯40年來堅持純釀的好滋味與其他相關商品；二樓作為廚藝教室，提供顧客休憩與學習料理之場所；其他腹地則為製作醬油的生產線與工作場所，目前不提供民眾參觀。

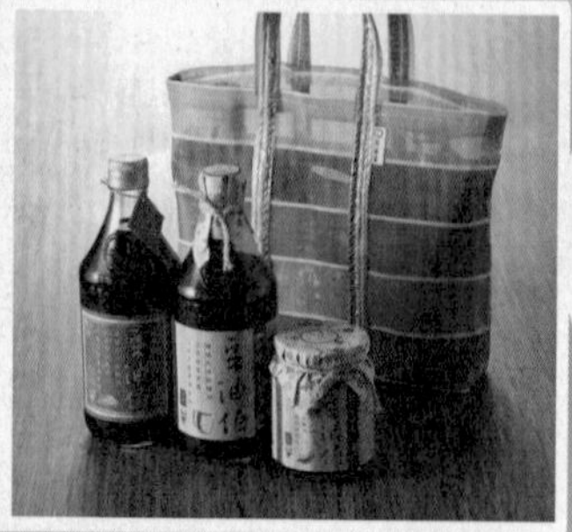

▲精選十大伴手禮，六堆客家精品

▲用農民契作的非基因改造黃豆，手工研磨成豆漿，再製作成美味冰淇淋，來到竹田，一定不能錯過喔！

▲門口的大熊裝置藝術，來自於台灣雕塑家**賴冠仲**之手，延續在信義誠品前所展覽的大型叭噗裝置藝術後，也設計出以台灣黑熊為出發點，並賦予台灣黑熊色彩，希望藉此帶給台灣彩色明亮每一天的願景。

附近景點有**台鐵屏東線**上保存最完整的**竹田火車站**與藏書豐富的**泰美親子圖書館**，當您來到**竹田**，**豆油伯竹田驛站總店**，一定是您不容錯過的特色商店喔！

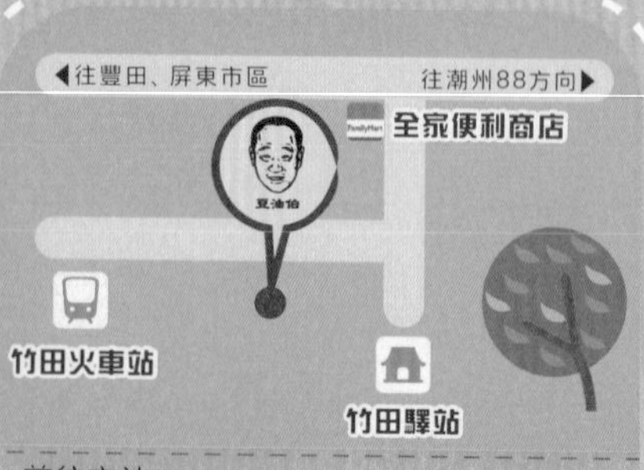

前往方法：

❶ 大眾交通：搭火車達竹田火車站再步行前往(竹田驛站旁)

❷ 自行前往：下88潮州路段往竹田市區(竹田驛站旁)

▲一樓販賣部，陳列各式各樣商品

▲二樓作為VIP顧客廚藝教室場所，不定期舉辦廚藝教室活動教導顧客如何烹飪健康美味的料理

Nikon 1 J5
I AM THE PORTRAIT
OF ELEGANCE
我的掌中閨蜜
Nikon
At the heart of the image
影像·從心
國祥貿易
f NIKON TAIWAN

魔鬼甄
瘋玩全台灣